L'OUVREUSE DU CIRQUE D'ÉTÉ
GARÇON,
l'audition !
H. SIMONIS EMPIS, ÉDITEUR

GARÇON, L'AUDITION!

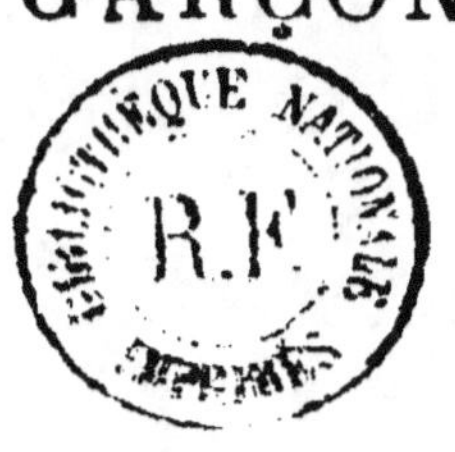

DE L'OUVREUSE DU CIRQUE D'ÉTÉ

Lettres de l'Ouvreuse.

Bains de Sons.

Rythmes et Rires.

La Mouche des Croches.

Entre deux Airs.

Notes sans Portées.

Accords perdus.

La Colle aux Quintes.

DE WILLY

Maitresse d'Esthètes.

Un vilain Monsieur.

Claudine a l'École.

En préparation :

Claudine a Paris.

Un voyage sentimental.

Exemplaire N°   187

EMILE COLIN, IMPRIMERIE DE LAGNY (S.-ET-M.)

GARÇON

L'AUDITION !

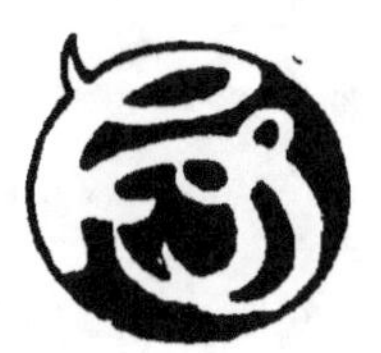

PARIS

H. SIMONIS EMPIS, ÉDITEUR

21, RUE DES PETITS-CHAMPS, 21

1901

A

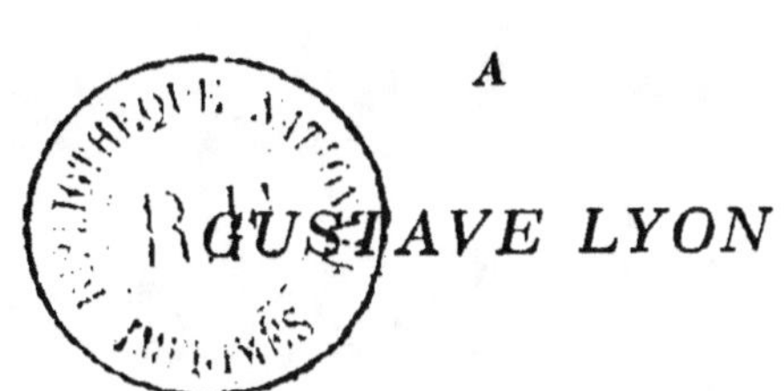

GUSTAVE LYON

GARÇON, L'AUDITION !

C'est vraiment gentil à Chevillard d'avoir organisé un concert le 1er janvier! Justement on ne sait jamais à quoi employer cette journée-là : pas de visites à faire, pas de marrons glacés à recevoir, pas de polichinelles à mettre dans le tiroir des fillettes sages, pas d'écheveaux de souhaits à débrouiller, rien! Grâce au gendre immortel de l'immortel Patron, nous avons eu de quoi occuper cette après-midi dominicale. Et quel joli temps pour se rendre au Cirque en bateau!

A propos de bateau je vous redirais bien que Chevillard nous sert des programmes où l'inédit ne foisonne pas (Beethoven, Wagner et même Jannequin sont de petits jeunes gens qui ont déjà fait leurs preuves), mais à quoi bon rabâcher? Les chefs d'orchestre ne m'écouteront pas plus aujourd'hui qu'hier, demain qu'aujourd'hui. Et les jeunes compositeurs continuent, affublés de fausses barbes, à décrotter les godillots des passants pour ne pas crever de faim. Doux pays ! Doux métier !

Du moins, si Chevillard ne joue guère de modernes, il interprète merveilleusement les anciens. Sous sa direction, à la fois vigoureuse et douce, — *suaviter et fortiter*, comme dit mon cadet, cornichon à Stanislas, — je ne dirai pas que la sixième symphonie assume des beautés inédites, mais du moins elle donne tout ce qu'on peut attendre d'elle, et ça n'est pas rien.

Un jour ou l'autre, je vous révélerai quelques-uns des commentaires amoncelés au pied de cette œuvre; il s'est trouvé des glossateurs pour voir dans la *Pastorale* un petit bourgeois de Bavière allant flâner à la campagne par une belle après-midi avec son épouse, sa pipe et sa progéniture ; pour d'autres, la même symphonie évoque le plus nébuleux panthéisme. Faut-il que le bon Dieu soit puissant pour créer de tels imbéciles !

2 janvier 1899.

Quel clair soleil, aujourd'hui, éveilleur de désirs, et qui inciterait aux fugues exquises, pour contempler avec le si chéri, la main dans sa main (Albert), « aux pentes des coteaux flotter les vapeurs blanches »; à l'heure « où le matin mouillé sourit, nu, dans les branches! » Mais quoi! trois séances musicales (trois!) nous requièrent, alors qu'une seule comblerait si bien tous mes vœux, car, ainsi qu'on chante dans *Faust* : « Une seule suffit pourvu qu'elle soit bonne », — ce qu'un vieil ami à moi, célibataire irrédentiste, prononce : « Une bonne suffit, pourvu qu'elle soit seule... »

Au Conservatoire, instrumentistes et choristes semblent se ressentir quelque peu des vacances ; quant à l'orgue, je demanderai respectueusement à M. Guilmant s'il estime qu'une petite visite de l'accordeur, muni des instruments nécessaires, serait superfétatoire. — Correcte exécution de la Symphonie en *la* sur quoi, l'an dernier, matchèrent Weingartner et Mottl avec une maëstria que les abonnés du Patron n'ont pas oubliée ; leur chaleur teutonique semble avoir un peu dégelé l'exécution conservatoriale, du moins le final, car l'Allegro continue — selon la sacrosainte tradition d'Habeneck — à traînailler comme une languissante marche de Félicien David pour chameaux fatigués.

On applaudit ferme madame Lovano dans une belle cantate de Bach (décidément, le vieux *cantor* revient à la mode, tout arrive!); succès pour la berliozienne Ouverture du *Roi Lear* où Julien Tiersot me révèle que l'Andante évoque le personnage du vieux roi, tandis que le chant

exposé pour la première fois par le hautbois (à
la dominante du ton principal) est la représentation sonore de Cordelia. Il sait tout, ce Tiersot.
Faudra que je lui demande si Pugno m'aimera
longtemps.

Car il m'adore, ce Raoul à la belle barbe !
Aussi, vous pensez si j'étais fière, hier, d'entendre les applaudissements tempêter autour de
lui, pendant que son pleyel chantait le concerto
en *mi bémol* de Mozart où les premiers violons
repassent aux seconds une mélancolique phrase
andantino, toute fleurie de grâce ; la souplesse
de Pugno reste classique, sa pureté ne tourne
jamais à la sécheresse, c'est un maître. Un autre
maître, également acclamé, cet Ysaye, de qui le
violon magique nous a donné le frisson, en pleu
rant l'admirable adagio en *ut dièze mineur* (du
Gluck plus intense, plus pénétrant) d'un concerto
de Bach dont je ne me rappelle plus le matricule ;
tous les auditeurs du Châtelet, frémissants,
marinaient dans l'extase, depuis Léon Daudet
jusqu'à Gaston Lemaire, tous !

Et ils étaient nombreux : Raquez au galoubet
émouvant, Anselme Vinée, mélanco, Guillaume
Beer, l'œil vif, et puis tout le faubourg : mar-
quises de Gabriac, de Loys-Chandieu, de Mun,
comtesse d'Haussonville, de Pourtalès, Albert de
Mun. Voyons, je suis sûre que j'en oublie ; qui encore ? Vicomte Melchior de Vogüé, vicomte de
Meaux, baron de Lassuchette, ah ! je ne sais plus !

Comme les autres, M. Colonne béait d'émerveillement (même pour mieux entendre ces merveilles de sonorité, il a fort atténué les savoureux accompagnements de l'*Adagio*. Que voulez-vous ? on était sous le charme !). Seul Gustave Robert, chez qui la statistique ne perd jamais ses droits, gardait assez de sang-froid pour remarquer que, dans l'allegro du début, sur 175 mesures, le *mi, sol dièze, si* initial revient 37 fois. C'est une proportion coquette.

J'ai crayonné au dos d'un numéro de vestiaire plusieurs remarques : que, dans le concerto de Mozart, où Pugno triompha, on entend le *Di tanti palpiti;* que le famulus des virtuoses, un talentueux harpiste dénommé Olivier Maignien (tête d'Espagnol mystique, constate Maurice Denis, comme Zurbaran en peignit dans ses cinq ascètes), est un incomparable « tourneur » de pages, un vrai Derviche ; que le docteur Damain a toujours bonne mine ; que le pianiste Grovlez s'obstine à ressembler au violoniste Jacques Thibaud, exprès pour m'agacer ; qu'un de nos plus sympathiques députés antisémites erre dans les couloirs, inconsolable d'avoir quitté notre colonie ensoleillée dont il a la nostalgérie ; que le piano et les cordes de l'orchestre pourraient être un peu mieux d'accord sans inconvénient, etc.

Entre les orchestrations, quelque peu austères, de Mozart et de Bach, l'instrumentation étoffée

à la moderne de M. Rabaud a produit bon effet.
Tout d'abord, félicitons ce jeune homme d'avoir
élu un sujet musical, — ce qui est rare de la part
d'un musicien, — assez musical pour avoir déjà
tenté Liszt : la *Procession nocturne*. Faust
(celui de Lenau), condamné à chevaucher dans
les ténèbres, en proie au désespoir farouche,
entend, à l'orée d'un bois, des voix élancer au
ciel de pieux cantiques ; il arrête son cheval, il
voit processionner les enfants, cierges en main,
puis les vierges voilées, puis les vieillards de
qui la chevelure blanchit sous le givre de l'âge ;
et tous chantent leurs hymnes d'innocente piété,
de renoncement, d'espoir ; les voix s'éloignent,
les lueurs tremblotent à travers les arbres, tout
disparaît, la forêt retombe dans son grand silence, et Faust, sa superbe abattue, pleure,
pleure, pleure. Sur ce poème, M. Rabaud a écrit
une musique des plus agréables, sans les oppositions vigoureuses qu'une telle donnée n'eût pas
manqué d'inspirer à certains tempéraments,
habilement orchestrée, très soucieuse de l'expression, — d'heureuses recherches, les pizzicati
des basses indiquant les pas, tout cela grandit
bien, un canon réussi, joli emploi du hautbois,
rien de très imprévu, mais rien de laid, —
succès mérité.

Au Cirque, après l'*Héroïque*, apothéose de
Bonaparte, alors que Rome encore n'a pas rem-
placé Sparte, on nous sert la *Chaîne d'amour*

de Montoya et Bouval, suite chatnoiresque
chantée par M. Cossira, suite pas amusante
malgré le soin qu'a pris un hautbois de se
tromper de mesure, gaiement. Ohé! ohé! Si on
la rejoue (mais je ne crois pas), je vous conterai
le chaînario de cette petite machine; où il y a
de la *Chaîne*, y a pas de plaisir.

9 janvier 1899.

OPÉRA-COMIQUE. — Reprise de la *Vie de Bohème*.

Pour juger équitablement la pittoresque *Vie
de bohème* du Lucquois Giacomo Piccini, il faut
tout d'abord faire table rase de nos préférences
musicales et de nos coutumes. Cette juxtaposition de motifs parcellaires dénués de toute cohé-
sion, ce parti pris de *bel canto* naïvement insoucieux des exigences de la situation, cette orchestration tape-à-l'œil brutalement cuivrée, avec
des encombrements de harpes prétentieuses,
cette absence de tout plan tonal, ce tohu-bohu
des personnages, des instruments, des thèmes,
déconcertent nos habitudes françaises.

Mais quoi! le succès est là! Hier, comme le
soir de la première, le public a marqué, par de
longs applaudissements, qu'il goûtait fort cette

vision superficielle, ces sauvages oppositions de couleurs, cette perpétuelle trépidation qu'il croit de la vie. D'ailleurs, aux mélomanes qui n'aiment point la musique (ils sont nombreux), le temps ne semblera pas long, pourvu qu'ils considèrent à loisir l'éblouissante mise en scène imaginée per M. Albert Carré et ce grouillement de figuration qui forme un ensemble « à souhait pour le plaisir des yeux ».

L'interprétation mérite les plus grands éloges ; il faut mettre hors de pair mademoiselle Guiraudon, exquise et touchante Mimi, M. Maréchal qui chante et qui joue, — l'éloge n'est pas mince pour un ténor d'opéra-comique, — l'excellent Fugère, et Isnardon, ce Gavarni ; et tous les autres sont à citer : mademoiselle Tiphaine, MM. Belhomme, Dubosc et M. Delvoye lui-même.

12 janvier.

J'ai si grand peur d'oublier le « Congrès national des Sociétés de musique », ô mes enfants ! que je vous en parle tout de suite ; sachez donc que dimanche prochain, à la Sorbonne, la Fédération musicale de France réunit le ban, l'arrière-ban (j'allais dire le petit banc) de ses adhérents dans le Grrrrand Amphithéâtre ; vous pourrez entrer dans la salle — à moins de frais que chez le Patron et chez Colonne — en demandant des cartes à l'ami Baudoin la Londre, commissaire général de la chose. Et il vous sera loisible de contempler cet amour de Vincent d'Indy qui, avec Samuel Rousseau (compatissant à mes rhumatismes parce que je cloche du rein), coudoiera sur l'estrade Jules Massenet (ne jamais oublier son prénom, vous le froisseriez), le rêveur Armand Lafrique, Widor et Paladilhe, ces Gracques de la musique révolutionnaire ; Taffanel, chef d'orchestre en qui le flûtiste survit ; Gustave Charpentier et Fernand de la Tombelle (ce que chacun de ces deux-là doit aimer les compositions de l'autre !) Saint-Arroman, ce Ries de Beethoven-Lenepveu, enfin Gastinel, prix de Rome assez peu récent.

Autres prix de Rome (voilà une transition qui vaut son pesant de fausses notes), MM. Rabaud et Omer Letorey se sont fait applaudir, l'un au Châtelet, l'autre au Cirque. C'est le premier que je préfère, de beaucoup, avec sa *Procession nocturne*, décidément orchestrée de façon charmante (bravo pour les altos qui jouèrent comme des anges !) les entrées d'instruments qui répètent le thème religieux, *sol, sol, sol, mi, la, sol*, sont ingénieusement disposées, flûtes puis cors des vierges (cors qui n'ont pas servi), auxquels bientôt s'adjoignent les trombones-

1.

chantres jusqu'à ce que la masse des sonorités
au complet éclate alors, — il y a même un petit
canon ; — j'aime aussi le départ de la procession
et le cantique, peu à peu décroissant, qui murmure à la flûte, s'atténue à la clarinette et, sur
des pizzicati de contrebasse, s'éteint. Mais la
grande clameur du désespoir de Faust, jetée par
tout l'orchestre, ne m'émeut guère ; ah ! ces
unissons des cordes si prévus ! Ah ! comme l'on
n'a pas reçu les leçons de Massenet impunément !

Parmi les applaudisseurs, je constate Paul
Milliet, cet homme du monde-artiste, le docteur
de Souza qui conseille à mes neurasthénies le
trional ou les œuvres complètes d'Alfred Bruneau ; Fierens-Gevaert, smart, rasé à l'anglaise ;
Madame Jossic, le vigoureux Coindreau, le fin
René de Castera, l'élégant Montesquiou, Pfeiffer
qu'on festivale mardi aux Mathurins, un trio de
violoncellistes : le brun Delsart, le blond Loys et
Salmon, au lorgnon ironique ; le bon général
Zurlinden, le bon Roumain Enesco (très réussie
la Pastorale !), le bon violoniste Friedrichs,
Léon Moreau, à la mèche artistique, Jacques
Blanche qui me demande si je pose l'ensemble
(polisson, va !) et — aux derniers les bons —
Vincent d'Indy.

Intrat Pugno tout de suite applaudi ; sans
pose, il s'installe à la bonne franquette, place
sur son pleyel un mouchoir de fine batiste pour
étancher les transpirations qui ne tarderont guère

et commence le quatrième concerto de Saint-Saëns. J'écoute, attentive et charmée ; puis, au moment où apparaît le thème en *la bémol* de l'Andante qui deviendra le vigoureux machin en *ut* (marcatissimo) du second morceau, je me dis : « A quoi bon surveiller Raoul ? Je suis bien sûre qu'il ne fera pas de fausses notes », et je m'assoupis, confiante. Sur quoi, Widor signale sournoisement mon sommeil à Bernheim qui, coupant dans sa luxuriante toison une mèche blonde, la roule en un petit tapon et me la lance en plein visage (sûr, j'aurai un bleu). Réveillée en sursaut, j'entends des tonnerres d'applaudissements saluer la sortie de Pugno, j'entends aussi des élèves de Diémer mettre l'impeccable correction au-dessus de toutes les autres qualités ; la première fois que Diémer fonctionnera en public, j'entendrai des élèves de Pugno exalter la fougue communicative comme la première vertu d'un exécutant. Ainsi va le monde.

Au tour d'Ysaye, maintenant ! Tous les violonistes sont en ébullition. Geloso (encore chargé de lauriers d'outre-Rhin), placé tout contre la rampe, réussit, au prix d'un torticolis soigné, à contempler la pointe des semelles du grand virtuose qui joue comme il sait jouer le nerveux Allegro initial du *Concerto* de Lalo, puis, avec une délicatesse exquise, une romance en *si bémol* (du moins je me la rappelle en *si bémol*). Tout à coup, l'enchanteur s'arrête, salue et sort.

Déception générale. Je me précipite sur la scène et je donne mon flacon de sels à Gaston Berardi qui le passe sous le nez d'Ysaye, remis bien vite de son malaise.

— Un quart d'heure après, il enlevait (avec Rémy qui s'en est tiré à ravir) le concerto de Bach en *ré mineur*, de façon à rassurer les plus prompts aux alarmes et cette indispositionnette ne l'empêchera pas d'interpréter salle Pleyel, avec son inséparable Pugno, les trois sonates de Saint-Saëns, Castillon, César Franck. (J'ouvre une parenthèse pour vous signaler, à ce propos, les intéressantes séances du quatuor Parent qui nous promet les quatuors de Fauré, d'Indy, Chausson, et autres musiciens dangereux, — ceux que j'aime.)

Parlerai-je longuement de l'*Épisode symphonique* de M. Sarreau ? Non, pour ne pas contrister Pugno qui veut du bien à ce compositeur bordelais ; je crois bien avoir déjà entendu à Royan, sans enthousiasme, cette œuvre qui se donne un mal de tous les diables pour être originale, et tapage ferme au début, sans pouvoir s'empêcher de tourner à l'Air de Ballet. Après tout, c'est peut-être de la très bonne musique, car Gabriel Marie semblait fort intéressé et William Chaumet applaudissait ferme ; mais quoi ! je dis ce que je pense, ingénument.

C'est pourquoi j'avoue, sans fard, que je me suis rasée au *Brand* de M. Letorey (le tor ey de son côté) ; ce jeune prix de Rome, 1895, a cru représenter le héros d'Ibsen et ses prêches d'abnégation par un choral en *fa* ; un thème figuré symbolise le conflit entre l'âme de Brand et les misères humaines (on dirait un laissé pour compte du concours d'essai), et puis il y a des rosalies à la Gounod ; Camille Andrès, de qui l'enthousiasme exubère, applaudit cette ibsénité. Par fortune, le Russe Brandoukoff violoncellise admirablement le Concerto de Saint-Saëns, et l'adorable Raunay se fait applaudir dans Gluck (*Alceste*), Henri Duparc (l'*Invitation au Voyage*, belle, déjà, d'une beauté classique) et Wagner (air d'Élisabeth, qui ne me révolutionne pas). Parmi les auditeurs : Madame Fuchs, une vraie connaisseuse, et Ernest Chausson de qui, au Nouveau-Théâtre, jeudi dernier, d'unanimes bravos saluèrent le « Concert », œuvre d'impérieuse beauté.

16 janvier 1899.

Le Concert-Lamoureux était dirigé, hier, par Richard Strauss, et le Concert-Colonne par Ysaÿe. (La langue française doit être bien difficile pour les étrangers.) Place du Châtelet, le chef d'orchestre intérimaire a obtenu un succès très franc (pendant que M. Colonne jouait du violon à Bruxelles), devant un public enthousiaste où j'ai remarqué l'aimène Paul Bergon, le digne Alary, et l'ami Jean d'Udine, très emballé sur *Istar*.

Voici le sujet : Istar pénètre dans une demeure comportant, si j'ose dire, sept portes, ainsi que l'exige la poétique du vaudeville moderne. Arrivée à la première, le gardien lui enlève sa tiare, mais la belle Orientale, qui se fiche de la tiare comme du Caire, ne se laisse pas arrêter par ces bagatelles de la première porte et franchit la seconde, où le gardien lui retire sa ceinture ; à la troisième porte, il la dépouille de son corset. Hygie (le seul rationnel) ; ainsi de suite jusqu'à la septième, où il fait disparaître les ultimes gazes qui la couvrent (fuite de gazes !). Si cette maison heptapyle avait eu un huis de plus, je me demande ce que le gardien aurait pris à la jeune personne.

Redevenons sérieuse ! Musicalement, c'est des variations à l'envers, je veux dire concentriques, commençant par la plus éloignée du thème central (dont elle semble une simple atmosphère harmonique) pour s'en rapprocher peu à peu, les variations gagnant en précision, accusant avec une croissante netteté les contours d'une phrase impérieuse qui, à la fin, s'affirme dans un unisson réel de tout l'orchestre, Istar nue !

Pourquoi faut-il que le temps me manque pour

énumérer les merveilles d'instrumentation prodiguées par Vincent d'Indy? Sous le grésillement des cordes glissent des gammes chromatiques, en tierces, des clarinettes et des cors, auxquelles des arpèges de bassons et des fusées de harpes répondent, — petite marche fleurant *Hulda* qui s'emboîte avec une ingéniosité miraculeuse dans le joli rythme à cinq temps (où les instruments à corde caquètent, criblés de pizzicati) pour revenir, étincelante, accompagnée par le quatuor de fulgurants accords arpégés en doubles cordes, — etc., etc. Ysaye dirige avec une souplesse, une autorité, un chic inouïs ; on l'acclame, on acclame *Istar*, tout le monde ébullitionne, sauf un ronchonneur qui grogne : « Pauvre France ! » Sans doute ce grincheux veut dire que les peuples heureux n'ont pas d'*Istar*.

L'admirable symphonie de Franck marche admirablement, avec une netteté d'attaques, une sûreté de mouvements, une imperturbabilité rythmique, une ampleur que ni le Conservatoire, ni surtout l'insuffisant Doret (chez d'Harcourt) ne soupçonnèrent.

L'*Andante* de Lekeu pour cordes, copieux, part bien (*ut mineur*) et semble une solide étude de sonorité (avec un coin de *Parsifal* qui fait plaisir), mais je me suis perdue vers la fin. — Quant au violoncelliste Gérardy, c'est un maître, tout bonnement !

(J'ouvre une parenthèse pour recommander la

charmante madame Arger, chantant demain, avec conférence du disert Bénédict, des chansons helvétiques, hélas ! plates.)

Au Cirque d'Été, auditoire compact, pour applaudir le capellmeister Richard Strauss qui, à Paris, ne s'était encore exhibé qu'au Châtelet où ses poèmes symphoniques, *Till* et *Todt und Verklærung*, avaient été goûtés naguère. Sur le chef d'orchestre, je serai brève ; il romantise avec excès et dirige la Symphonie en *la*, de Beethoven, avec un abus du rubato et des afféteries à faire regretter les traditions figées d'Habeneck ; est-ce qu'il la croit signée Chopin ? (Pourtant le dernier mouvement, en sa prestesse et sa nervosité rythmiques, amuse, mais ça ne vaut pas le grand Weingartner). Le compositeur mérite que je m'étende sur lui davantage. (C'est une manière de parler.)

Son *Zarathustra* (francisé Zoroastre par le programme) est un commentaire musical assez libre du célèbre poème philosophico-lyrique de ce Nietzsche sur qui s'amoncellent les gloses de Lichtenberger, Henri Albert, Jules de Gaultier, Teodor de Wyzewa, Stanislas Rzewuski, L.-P. de Brinn'-Gaubast, Henry Gauthier-Villars et cent autres ; sujet plutôt abstrait : Zarathustra, douteur genre Manfred simili-Faust, cherche en vain je ne sais pas trop quoi, sans le trouver. Et la musique de Richard Strauss nous peint les successifs déboires de cet inassouvi, que ne peu-

vent satisfaire la Religion, la Passion, la Science,
ni le reste.

Admirable construction, orchestration juteuse,
thèmes, — je serai franche — presque toujours
médiocres (mais très aisément perceptibles en
leurs innombrables avatars) et dont deux, le
motif de la Nature et celui du Désir, soutiennent
l'œuvre entière ; le premier, *do, sol, do*, est têtu
et s'obstine à promener sa brutale tonalité d'*ut
majeur* parmi des développements en *si*, notamment, qui s'effarent... Apprenez encore que
les trombones crachent un thème de dégoût, que
les phrases religieuses s'essorent d'un quatuor
divinement traité (mais l'orgue manque), qu'une
fugue des plus scolastiques symbolise ingénieusement la science, que les hautbois ont des rires
sarcastiques, que Sechiari violone solo sur solo,
qu'un tam-tam frappe les douze coups de minuit,
que le thème de la danse, le meilleur, est traité
avec un adorable emportement tzigane, comme
si Richard Strauss se prénommait Johann. A
présent vous en savez autant que moi. C'est
peu.

Des noms : prince de Polignac, princesse
Brancovan, marquise de Mun, comtesses Odon
de Montesquiou-Fezensac et de Saussine, madame Sommier, le talentueux François de Curel,
le schubertomane Henri de Curzon, Pierre Louÿs
au pénétrant sourire, Abel Hermant aux yeux
narquois, Vianna da Motta, très applaudi hier à

la Nationale, Ducasse tout plein d'avenir, madame Szarvady… Ah ! je n'ai plus de place !

23 janvier 1899.

Au Cirque, le Championnat de la Symphonie en *la* attire une foule enfiévrée ; tour à tour Weingartner, Mottl, Richard Strauss, sans parler du Patron, ont matché pour décrocher la timbale beethovenienne ; aujourd'hui, dans l'espoir de tomber « le Rempart de Munich », vainqueur dimanche dernier, voici grimper sur l'estrade le lutteur français Chevillard, dit « l'Indomptable Gendre ». A la vue de ce nouvel athlète, d'émotion le public halète (*Anch'io*… ô Franc-Nohain !)

Les yeux étincelants de passion, les tempes battantes, la langue sèche — du moins je le suppose —, tous les vrais amateurs sont là, le migrainé Jacques Blanche, Fix-Masseau aux boucles de Christ, Fierens-Gevaert mélancolique, figé en une immobilité d'attention quasi-cataleptique ; qui l'emportera ? les gars d'outre-Rhin ? ou ton fils, ô Patrie ! Cependant, impassible, Chevillard lève son bâton, aussi calme en apparence que s'il ne portait pas sur ses épaules tout l'espoir d'un grand peuple. Ah ! malgré cette

quiétude bien jouée, il doit frémir dans son ca-
leçon tricolore !... Allons ! je ne vous ferai pas
languir plus longtemps, c'est lui qui a remporté
la victoire : jamais il n'a mieux interprété cette
œuvre « de serein enjouement », comme l'appelait Wagner, et j'ai particulièrement goûté l'Introduction avec ses réponses instrumentales où
déjà le *six-huit* s'esquisse timide, avant de reprendre courage dans le motif principal, ce motif
qui s'assouplit, se déforme, se reforme, aussi
ductile et changeant que la conscience d'un po-
liticien. Faut-il constater que les jeunes gens de
l'orchestre, et les hommes mûrs aussi, semblent
un peu mous ? Ah ! ces bals de l'Opéra !...

Quant au fameux finale dans lequel certains
glossateurs bâtés ont voulu voir une bataille de
géants (!) et d'autres une fête de Bacchus (!!),
Chevillard se garde bien de le boursoufler d'emphase (comme font d'aucuns Allemands), mais il
ne s'avise pas non plus d'en bousculer les rythmes
au risque de déformer la pure ligne classique de
l'œuvre ; c'est progressivement qu'il anime cette
simple danse de paysans, et l'échauffe, et l'a-
grandit, mais peut-être ne la transforme-t-il pas
en cette musique géante, danse de la nature entière, où le maître de Bayreuth croyait voir tour-
billonnant dans une prodigieuse orbite quelque
planète nouvelle (mon enthousiasme patriotique
m'empêche, heureusement pour les cors, de signaler dans le *Scherzo* quelques bafouillages qui

auraient mis en deuil la pensée du mélomane Trarieux s'il les avait remarqués).

Je n'avais pas lu attentivement, dimanche dernier, le fuligineux commentaire philosophico-musical de *Zoroastre*, j'avais eu tort ; impossible de rien trouver d'aussi exhilarant. Dès l'abord, l'auteur d'*Also sprach Zarathustra* nous est présenté comme « l'amer et sceptique Nietzsche, dont le pessimisme négateur renchérit sur Schopenhauer ». Et allez donc ! Voilà des lecteurs dûment renseignés ! Pessimisme négateur qui renchérit sur... Zut ! zut ! Qu'elle est donc française, cette manie d'expliquer à autrui ce qu'on ne comprend pas, qu'elle est donc bien française ! Du reste, ce programme serait belge que je m'en étonnerais avec modération. En somme, Zarathustra (prononcez Zoroastre) est le premier qui, après avoir terminé, « sous le fouet sanglant des âpres destinées » — comment va, cher Armand Silvestre ? — le périple de l'activité intellectuelle ou morale, « traînant des jours passés le néant et le bruit », trouve dans le détachement de tout une joie super-humaine ; son esprit s'envole, avec des légèretés d'oiseau, parmi les extases des mélodies qui remplacent la parole, des colorations rêvées qui remplacent le réel, de la danse, enfin, par qui, en une ascension d'allégresse divine, toute pesanteur d'ici-bas s'abolit...

Sur ce scénario (ah ! si lucide !), M. Richard

Strauss a construit, et bien construit, une symphonie plutôt copieuse que j'aime tout autant que la semaine dernière, — moi qu'on prétend changeante, — (malgré la pauvreté de quelques motifs qui ont l'air de contre-sujets), tant l'instrumentation m'en réjouit, et aussi certaines transformations thématiques, celle du Dégoût, par exemple, présentée en imitation aux clarinettes (*si*) pendant que la trompette maintient son thème de la nature (*do*), obstinée, un peu fausse parfois.

J'en dirais plus long si M. Gaston Carraud ne me réclamait. C'est quelqu'un, Carraud, et ses reconstituants feuilletons musicaux de la *Liberté* revigorent les abonnés de ce journal, longtemps débilités par la lavasse de Joncières ; ses *Nuits* ont reçu le 21 décembre 1898 (date à ne pas oublier) le plus fervide accueil, et si la *Buona Pasqua* n'a pas soulevé, hier, des tempêtes d'enthousiasme, je n'en tiens pas moins pour une œuvre très pittoresque et bellement sonore cette « Impression d'Italie » surérogatoire, que soutient tout entière un rythme de cloches, passant aux cordes divisées, puis aux bois, tandis qu'un chant rude, d'allure populaire, s'élève... Nous en reparlerons lundi prochain, car j'espère bien qu'on rejouera cette Ouverture (c'en est une) dont l'auteur est définitivement classé parmi les prix de Rome qui feront quelque chose. « Encore un Carraud d'casé », chantait Claude Terrasse dans l'oreille amusée de Métivet.

Faute d'assister aux concerts dont il parle, mon excellent confrère Gaston Lemaire rendait compte, hier, d'une *Fantaisie canadienne* de Gilson que M. Colonne afficha, mais ne joua point ; désireuse d'éviter pareil mécompte, et peu soucieuse d'ouïr plus longtemps madame Berthe Marx, pianiste propretté, je me suis précipitée au Châtelet... La foule en sortait à gros bouillons, charriant dans son flot Gonse, Léon Daudet. le marquis de Gonet, Bagès et quelques autres pépites de grande valeur.

30 janvier 1899.

Grieg, « psychophoniste moderne », selon le mot d'Henry Maubel, fut bellement fêté, jeudi dernier. par Ysaye et Pugno qui exécutèrent ses trois sonates avec un tel succès que les applaudissements ont dû se faire entendre jusqu'en Norvège ; cet après-midi, les deux virtuoses nous donnent trois sonates de Saint-Saëns, Castillon et César Franck, cette dernière détenant le record du canon, — j'en appelle au général Mercier. — Pendant que j'y suis, je vous signale d'autres sonates (Brahms, Bœllmann et Bernard, « les trois B... », si l'on veut) que présenteront, salle Pleyel, Madame Roger-Miclos et le violon-

celliste Carcanade, jeudi, le même soir (hélas)
que Mademoiselle Renié charmera les Saüls de
la critique avec sa harpe, dont elle joue comme
David. — N'oublions rien ! A la Nationale,
samedi, M. Breton a chanté *Quatre* airs russes
intitulés, par le programme, « *Trois* mélodies ».
— Voyons, que je consulte mon carnet... Ah !
ce soir, Llorca donne un concert, lui aussi (quel
métier que celui d'ouvreuse !), et, avec l'aide de
son ami Pfeiffer, fait résonner le piano double de
Lyon. — Demain mardi, début des « Grands
Vents », traduisez de la Société de musique de
chambre pour instruments à vent ; on nous promet du Théodore Dubois inédit, du d'Indy vierge
encore et du Mozart qui a déjà servi.

Au Concert-Colonne, l'*Ouverture de Frithiof* a obtenu son succès coutumier ; c'est une
des productions de M. Théodore Dubois que j'ai
le plus souvent entendues, et je me souviens que,
lors de la première exécution à la Nationale
(toutes les audaces, cette Société !, Vincent
d'Indy, de qui l'on donnait, le même soir, « la
Mort de Wallenstein », nous disséqua minutieusement l'introduction en *mi mineur* et ses deux
motifs, confiés l'un aux violoncelles, l'autre à la
clarinette, représentatifs du « caractère à la fois
sombre et amoureux » de la légende de Frithiof.
Car c'est une erreur de croire que les amoureux doivent être, comme les Portugais, « toujours gais », ou, comme les matelots, « rigo-

los ». Ainsi, moi qui vous parle, vous ne vous figurez pas les mélancolies qui m'embrouillardent souvent, et pourtant, comme passionnée, je ne connais pas beaucoup de donzelles qui pourraient m'en remontrer.

L'entr'acte de *Messidor* est un morceau à trois compartiments dont le premier, un thème naturiste de belle venue, ne manque pas d'ampleur ; mais, dès que M. Bruneau se mêle de polyphoner, ça devient lamentable. D'ailleurs, le public a semblé très content.

Les femmes du monde qui fleurissaient les premières loges du Châtelet attendaient avec impatience la venue de leur Delafosse favori ; et, pour n'être point mondaine, mon impatience n'en était pas moins vive. Songez donc ! Je ne l'avais pas ouï chez Colonne depuis le 12 janvier 1890, dans le *Concertstück* de Weber, où il fut exquis. Aujourd'hui, il nous vient des pays les plus extravagants (sans que ces voyages aient déformé sa jeunesse), la tête ceinte de la couronne d'or du virtuose à laquelle il projette d'ajouter quelques feuilles du laurier — trop vert — réservé aux compositeurs. Son Concerto, paraît-il, a fanatisé Monte-Carlo ; je n'en suis pas surprise : cette musique smart, présentée par le mieux mis des pianistes, devait plaire au public élégant de la côte d'azur ; sur les bords pourris qu'arrose la Seine, elle a moins complètement réussi. Non qu'on lui ait fait mauvais accueil : un merle sif-

fleur tapageant là-haut ne constitue point un
public hostile, pas plus qu'une hirondelle ne fait
le printemps, mais enfin les applaudisseuses
m'ont paru plus convaincues que nombreuses ;
Mesdames de Neufville, Bardac, de Berteux,
Mademoiselle de Bojano, etc., auraient dû amener
avec elles plus de monde.

Finissons en compliments : je redoutais que
M. Delafosse ne nous infligeât ces interminables
cadences où le virtuose se taille une réputation
dans l'ennui du public ; point. Le jeune pianiste
s'est écarté en cela, et aussi en quelques détails
de structure, des concertos habituels. Toutefois,
légitimement désireux de ne pas dérouter ses
auditeurs par trop d'innovations, il a pris soin
de leur rappeler, dans son Finale, les auteurs
qu'ils chérissent, grâce à une alternance de Saint-
Saëns et de Grieg, savamment dosée. Encore
une louange et j'ai fini : faisant violence à sa
nature délicate qui le doit inciter aux câlineries
mélodiques, voire à l'afféterie des harmonies
languides, M. Delafosse a prodigué dans son
orchestration les trompettes taratantarantes
(Mademoiselle Holmès, au balcon, souriait, ravie)
et les trombones retentissants, et toute la tumultueuse famille des Sax. Dire que le député Lasies
interpelle pour se plaindre qu'il n'y a plus de
cuivre en France !

L'obligeant Pierre de Bréville me fait partager son huit-ressorts (ça fait quatre ressorts pour

moi) et m'emmène au Cirque-d'Eté ; Weingartner y triomphe.

Public fiévreusement emballé : comtesse Potocka, prince Bibesco, comte d'Haussonville, baron
de Montesquieu, baron Pierre de Lastours, tous
rivalisent d'enthousiasme avec les aristocrates à
la manque (tel Péladan, jaune ainsi qu'un hareng-
sâr). J'envoie des baisers à ce capellmeister
allemand comme s'il était nationaliste ; Cornély
l'applaudit autant qu'un dreyfusard ; Abel Hermant déclare qu'on chercherait en vain son pareil
sur aucune scène « des Deux-Mondes » et, à le
voir, Fierens-Gevaert sent se dissiper les nuages
qui mélancolisent son front nimbé de la « tristesse contemporaine » (Alcan, éditeur) ; Vielé-
Griffin cisèle, en son honneur, une ode dont
André Beaunier réserve la primeur à ceux qui
s'écraseront à ses conférences... Cessons de bla-
guer ! Avec Richter dirigeant la Neuvième, je ne
sais rien de plus beau que Weingartner conduisant Gluck, Mozart, Wagner. Il repique dimanche prochain ; ne manquez pas de l'aller entendre,
ô mes sœurs ! vous qui voulez la commotion
quand même, le petit frisson à tout prix... Mais
je m'arrête, il y a des hommes qui pourraient me
lire et les femmes ne se mangent pas entre elles,
pas toujours, du moins.

— Février 99.

Dimanche gras, pavé gras, pouah ! On patauge dans les Champs-Élysées où grouillent des enfants qui harcèlent le promeneur (chers petits — *point d'ironie*, dirait Alcanter de Brahm) et l'arc-en-ciélisent avec leurs menues rondelles de papier polychromes, comme la tradition l'exige en ces jours de liesse.

Dans le Cirque, les auditrices sont aussi serrées que les lignes et les beautés de la *Force*, le récent chef-d'œuvre de Paul Adam. Au hasard du souvenir, énumérons : marquise de Mun, comtesses de Lastours, d'Yanville, de Saussine, mesdames Robert de Bonnières, Desgenetais, Escudier, Artot de Padilla, et tant, et tant...

Le capellmeister, monsieur Weingartner, n'a fichtre pas à se plaindre du public français ! Très haut dès le début du concert, lors de la miraculeuse interprétation de l'ouverture d'*Euryanthe*, l'enthousiasme n'a fait que s'élever, monter encore, monter toujours, — tel le Zéphyrin Baudu de l'aérien roman dû à Charles Foley ; — bref, on n'a cessé de fêter cet Allemand avec autant de ferveur que s'il eût été Russe. Bonnes girouettes françaises que nous sommes ! Après avoir ineptement conspué les merveilles de Wagner, nous ne pouvons aujourd'hui voir un chef d'orchestre teuton, quel qu'il soit, sans proclamer, à plat ventre, qu'il est digne de passer à la bochetérité.

En l'espèce, d'ailleurs, c'était justice. On peut diriger aussi bien la Symphonie en *ut mineur*; mieux, c'est impossible. Avec moins de prétentions que le précieux Nikisch, avec plus d'autorité que tel ou tel de nos compatriotes, Weingartner conduit les instrumentistes, tout bonnement merveilleux, du Cirque d'Été, de façon à obtenir d'eux le maximum de rendement; quelle admirable ampleur dans l'exposition et dans les retours du premier thème, de celui auquel le poussiéreux Spohr — sans doute atteint de crétinisme spohradique — reprochait de manquer de « la dignité indispensable au début d'une Symphonie ! » Et quelle richesse étoffée dans l'Adagio en *la bémol !* Et quelle carrure dans le finale !

Il est toujours doux de rappeler que Beethoven ne fut pas compris de ses contemporains. (Aussi bien, lui-même ne comprit rien à Weber, et particulièrement ne vit goutte dans l'ouverture d'*Euryanthe*.) On conçoit que des Spohr s'effarent devant le Titan brusquement apparu de qui l'ombre gigantesque vient obscurcir à jamais leurs chétivités proprettes ; que Fétis ose parler des « idées vagues et des modulations hasardées » de Beethoven ; mais comment s'expliquer que l'auteur du *Freischütz* puisse traiter les dernières symphonies de « chaos incompréhensible ? » De telles aberrations rendent indulgent pour le cas de M. Arthur Pougin qui, en déniant toute valeur musicale à Gabriel Fauré, se couvrirait de ridicule, si la chose restait encore à faire.

Avez-vous lu le *Torquato Tasso* de Gœthe? Moi non plus. C'est de ce poème que s'inspira Liszt pour confectionner son poème symphonique, triptyque musical dont le premier volet exprime les souffrances de son héros, le deuxième son « trionfo », le dernier sa gloire demeurée vivace dans le souvenir du peuple italien ... *Tasso* a eu grand succès. Je constate, avec déférence, que l'œuvre m'a un peu rasée. Assurément, l'effet de sonorité des grands accords, l'*ut majeur* tombant bien d'aplomb, a porté, et ne pouvait pas ne point porter ; assurément, dans cette imagerie 1830, il y avait à emprunter, et plusieurs ne s'en sont pas fait faute ; assurément, pour l'époque, la transformation chromatique est assez curieuse ; mais quoi ! les thèmes de cet abbé flambard ne m'éblouissent guère, ni son Lamento, genre Berlioz, ni son simili-menuet (genre qui se Ferrare) sur le même thème, ni le triomphe final (si prévu !) amené par des gammes du quatuor aboutissant à des effets de cuivres aussi peu distingués que la grosse madame... Mais j'ai promis de ne plus être méchante pour cette vieillarde !

Et maintenant, consultons le programme explicatif qui nous va guider à travers les méandres du *Pays des Bienheureux*, œuvre de M. Weingartner, dirigée par M. Weingartner. Dès l'abord, je trouve ceci : « Le morceau commence par un ton (*sic*) grave et mystérieux, *fa dièze*, exposé par les harpes, les violoncelles... et le tam-tam. » Un tam-tam qui expose un ton ! Je me relèverai cette nuit pour en rire ! Mais redevenons sérieuse pour déclarer que ce sujet (glose musicale du tableau d'Arnold Bœcklin) est vague et fuligineux ; reproche plus grave, les thèmes de l'auteur, eux aussi, sont flous, peut-être sous le prétexte que plus on est de flous plus on rit ! Point laids, pourtant, ces motifs ; même celui de la danse, qui circule gaiement aux bois, m'a ravie par sa grâce agreste. Le programme affirme que la phrase en *mi bémol*, dite par les trombones, nous représente le sanctuaire, le lumineux sanctuaire où se meuvent des êtres transfigurés, le sanctuaire... Ah ! si vous saviez ce que ça m'est égal !

Je voudrais vous parler encore de la carnavalesque et savante instrumentation risquée par Weingartner aux dépens de l'*Invitation à la Valse*, farce érudite, contrepoint fumiste, qui doit paraître, en Allemagne, exquisement bouffon ; il y a là un mauvais goût et un métier indiscutables ; ce Weingartner fait le Chabrier presque aussi bien que Mottl. Je voudrais encore vous dire que, jeudi dernier, au Nouveau-Théâtre, le violoncelliste Gérardy fanatisa les auditeurs des concerts Colonne très contents, aussi, d'ouïr madame de Jerlin. Mais la place me manque, et j'ai tant de gens célèbres à dénombrer ! Les rois du clavier, Diémer, Stojowski, Falkenberg, Vianna da Motta ; l'Opéra-Comique, représenté par MM. Carré, Messager et Luigini ; Cheramy aux favoris bien parisiens, Berardi de qui la légère barbe d'or blonde me rend rêveuse, Hartmann au teint de jeune fille, Vincent d'Indy et Bruneau, Bagès et Millot, Jacques Blanche et Mathey, enfin la chasseresse qu'Henry Céard a surnommée drôlement : « Parc aux Cerfs », souple comme les vers de madame de R..., publiés par la *Revue des Deux Mondes* ; et j'allais oublier ce gros marchand de toile si niais, M..., vous savez, l'entrepreneur de batistes.

13 février 1899.

Partagée entre mon Cirque et le Châtelet, je n'ai pas eu une minute pour vérifier si les manifestants qui, à ma vive allégresse, conspuaient hier le gars Loubet, ont tenté aujourd'hui de remuer « mon vieux pavé pa-ri-si-en », comme chantait Joséphine, vendue par ses sœurs. Et pourtant le programme de la rue devait être, j'imagine, plus intéressant que celui des concerts ; mais quoi ! le devoir avant tout.

Aux Champs-Élysées, la colonie espagnole

s'empile pour acclamer Sarasate ; nous parlerons tout à l'heure de ce senior ; mais Paul Dukas m'intéresse davantage, et son *Apprenti sorcier*, applaudi l'an dernier, le même jour que les *Caresses* de Louis de Serres, et le *Stamboul* de Pierre de Bréville, par le public de la Nationale à qui, en ce temps-là, on révélait d'autres jeunes compositeurs français que... Brahms. C'est quelqu'un, ce Dukas ! Prodigieusement érudit, ses critiques de la *Revue hebdomadaire* en font foi, il voit clair, il juge bien, il écrit net, et, compositeur-écrivain de qui la musique vaut la prose, il travaille sans cesse, très différent des croque-notes arrivistes, ratés à mèches esthétiques du dernier bateau, qui encombrent les salons de leur prétention ignare, bêcheurs impuissants, propres à rien, débineurs de tout, qui rendent des arrêts et non pas des services... On vous retrouvera, petits !

Paul Dukas, sans recherche des détails infiniment menus, a suivi la marche de la Ballade allemande : le magicien absent, l'apprenti sorcier formule l'incantation magistrale, et voici que sur ses ordres imprudents le Balai s'anime et se démène (oh ! les joyeux bassons !) avec des hâtes pataudes, court au fleuve, rapporte de l'eau, encore, toujours, prêt à noyer l'apprenti affolé qui ne sait comment l'arrêter, — ces allées et venues désordonnées, bientôt frénétiques, figurées par un seul thème, très apparent, de contexture très nette, où se reconnaît l'imagination réfléchie de l'auteur, qui sait conduire sa fantaisie selon une raison impeccable. — Un coup de hache malencontreux ne fait que ralentir un instant l'agitation du Balai, qui, dédoublée, devient un péril double... enfin le vieux magicien revient à temps, le Balai rentre dans son coin, l'apprenti-sorcier dans ses attributions, et tout dans l'ordre. Très bonne et très forte musique, construction excellente, orchestration savoureuse, avec du glockenspiel, des trompettes bouchées, un sarrussophone (je crois) et de l'esprit (j'en suis sûr). J'aime beaucoup cet Air de Balai.

Avant que vienne Sarasate, notons vite quelques noms : Mesdames Moreau-Sainti, Diémer, Galitzine, MM. Van Waelfelghem, (quelles belles moustaches !) baron de Lagrange, comte de Chabaud-Latour, Camille Bellaigue, très féru de l'anté-wagnérien Mazzini, Paul Braud, qui me raconte qu'à la Nationale Bagès, hier, mit en lumière la *Bonne Chanson* — cet écrin de Fauré — avec un charme exquis, ce dont je ne suis point surprise.

Le violoniste espagnol a un son petit et un succès énorme. Des joliesses, des minceurs, des subtilités, du j'm'enfichisme, — où est la flamme d'Ysaye ? — Ce concerto de Max Bruch, ô mes sœurs, quelle sale musique ! Au lieu de l'acclamer, un public de connaisseurs en eût conspué les emphases vulgaires et les élégances départementales. D'une tenue plus honorable, le *Concertstück* de Saint-Saëns, joué placidement, a plu aux loges, constellées de jolies mélomanes ; Sarasate fanatise ces dames. Peuh ! qui femme a, guère a !

Cet auditoire transpyrénéen applaudit si éperdument le petit Bach surérogatoire violoné par son virtuose qu'il ne lui reste plus de bravos disponible pour le *Venusberg*, (joué en perfection, pourtant).

Au Châtelet, M. Colonne a eu l'heureuse idée de rejouer l'*An mil*, de l'ami Gabriel Pierné, et l'idée (heureuse aussi) de l'exécuter à merveille. A coup sûr, ce brillant poème symphonique lui plaît particulièrement, comme à tous ceux qui se réjouissent de voir l'auteur affirmer ses tendances vers un idéal dépassant l'étiage de telles menuailles, évidemment plus productives... Au premier morceau, — attente angoissée des peuples redoutant la venue du dernier jour, — contenant des souvenirs du Quintette de Franck, des roulements lugubres de tambours, un *Dies iræ* quelque peu anachronique, peut-être un léger abus des tons de *fa mineur* et *si bémol mineur*, je préfère la « Fête des fous », tableau sonore de liesse pleinement rassérénée, où la parodie du *Kyrie* se mélange à l'allègre « Prose de l'Ane » qui s'esbaudet, pardon, s'esbaudit aux voix comme

aux instruments : trompettes avec sourdines
(Petit se couvre de gloire), grelots tintinnabu-
lants, choristes qui font l'Ane et ont du son,
curieux *Hi-Han !* que braient flûtes et clarinettes en fusées aiguës, tandis que les violons
glissent une quarte augmentée en sons harmoniques pour retomber sur la quatrième corde en
tirant l'archet ; et M. Challet, dans la coulisse,
clame sinistrement *Heu ! miseri !* (violoncelles
et altos jouent au delà du chevalet). Gros succès,
très mérité. Pour finir, les mélodies orantes du
premier tableau reparaissent, mais nimbées de
confiance et d'actions de grâces à présent ;
expositions et superpositions de thèmes litur-
giques ; lors les fidèles élancent vers Dieu le
Credo l'*Adoro te*, le *Te Deum*, toutes les
prières où s'exhale leur foi naïve et qui montent
au ciel comme une gerbe reconnaissante de
fleurs.

Je n'ai pu entendre la *Cardiaque* du Châtelet,
mais on m'assure que les choristes se montrèrent un peu atténués ; sans doute c'est pour
avoir trop vigoureusement crié : « A bas Loubet ! » En ce cas je leur pardonne. — Le Con-
certo-Cook, de Saint-Saëns, valut des bravos
au blond de Greef qui le pleyela délicatement.
— Enesco est un jeune Roumain, modeste et
précoce, « qui joue aussi bien du clavier (*sic*)
que du violon », explique le styliste Hugues
Imbert : sa simili-beethovénienne *Pastorale* a

reçu le meilleur accueil. — Vu, à la sortie, le pittoresque décorateur Jusseaume ; Vianna da Motta qui, samedi soir, fit florès chez (et avec) la princesse Bibesco, et Parent qui vient de se faire sacrer grand violoniste à Reims.

20 février 99.

NOUVEAU-THÉATRE. — Mottl dirige.

On accueille fort bien Jacques Thibaud (revenu de Bruxelles véhémentement influenzé), ainsi que ses amis Cantié et Barrère dans le concerto en *sol* pour violon et deux flûtes, orchestré par Mottl sans nécessité absolue, et que le père Bach se contenta de transposer en *fa* pour en faire un concerto de piano. Madame Mottl remporte, elle aussi, un joli succès, habillée avec un goût très personnel, comme toujours (robe de damas rose saumon avec volant vert et empièrcement, également smaragdin, recouvert de guipure).

Il m'a beaucoup intéressée, ce Poème symphonique de Liszt, *Festklænge* (presque le titre d'Ernest Chausson) ; musique parfois incohérente, mais toujours musicale, — ce qui se fait rare aujourd'hui, — avec un pittoresque imprévu dans le heurt des tonalités, avec de la fantaisie, avec de l'audace... et avec une interprétation hors ligne : Raoul Pugno et Mottl se faisant vis-à-vis sur un des fameux pianos-doubles de Pleyel, que Gustave Lyon couvait d'un œil paternellement ému.

Enfin le chef d'orchestre conduit la languide et charmeuse rêverie wagnérienne, *Siegfried-Idyll*, berceuse attendrie où s'adoucissent les échos du cor héroïque, où murmurent les aveux d'amour éternel bientôt oubliés — *ewig war ich...* — où s'atténuent les resplendissements de Siegfried trésor du monde. Une merveille ! Ce petit orchestre l'a interprétée en jouant, ma foi, aussi faux qu'eût pu le faire un orchestre extraordinairement nombreux.

25 février 1899.

Plusieurs personnes, de sexes divers, me demandent pourquoi je ne parle jamais des concerts du Conservatoire. C'est parce que je n'y assiste pas. *Gallia* même ne m'attire guère. Il me déplaît de courber mon indépendant bonnet rose sous les formalités, dirai-je, caudines, faute desquelles je ne saurais être jugée *digna intrare* dans le bâilloir de la rue Bergère ; du Patron (et du benoist gendre d'iceluy), j'ai tou-

jours reçu des entrées, et oncques ne me deman-
dèrent-ils rien en échange ; Colonne est d'esprit
infiniment trop délié pour avoir jamais songé à
me clore l'huis du Châtelet ou du Nouveau-
Théâtre, malgré le poil à gratter que j'osai lui
glisser dans le cou, parfois. Au Conservatoire,
tout change ! M. le directeur Théodore Dubois
est un homme charmant — je l'ai personnellement éprouvé, — Taffanel passe pour doux et
coulant comme les sons qu'il tirait jadis (c'était
le bon temps) de sa flûte ; n'empêche que l'amé-
nité personnelle de ces Messieurs n'y peut rien,
matée, assurent-ils, par un infrangible règle-
ment, aussi grognon que Weckerlin lui-même.
Il faudrait m'engager, je suppose, à déclarer in-
téressants les programmes de la « Société des
concerts », à trouver ardentes ses interpréta-
tions « sans vie et sans passion, froides comme
une leçon bien apprise, officielles comme un texte
de loi », — Lalo *dixit*, — à proclamer respec-
tables les traditions (honnies par Henri Quittard),
les traditions d'Habeneck, à prétendre intelli-
gent le public du lieu ? Fi ! J'aimerais mieux
embrasser Reinach !

Au Châtelet, boucan formidable ; je me croyais
revenue aux plus beaux jours des grands cham-
bards-Pasdeloup. L'orchestre a mal, très mal
joué la Symphonie en *ut mineur* : attaques sans
précision, traits sans netteté, bavochures, bou-
sillage, toute la lyre. De sorte que le public s'est

fâché contre le capellmeister occasionnel, Félix Mottl, qui, n'en pouvant mais, a reçu un lot d'invectives qu'il fera bien de distribuer aux instrumentistes sans en rien garder pour lui : « Assez! c'est dégoûtant! On ne joue pas Beethoven comme ça ! » Et, leitmotif revenant avec une significative insistance : « Des répétitions! Des répétitions ! » C'était gai — ou lamentable, selon le point de vue.

M. Colonne a pas mal d'ennemis, comme tous les gens de valeur (ce que j'en ai, moi!). Je lui signale leur perfidie ; ils s'en allaient, répétant : « C'est un tour d'Edouard qui, jaloux, a voulu couper le succès sous le pied de Mottl et lui a refusé les répétitions nécessaires. » On me permettra de hausser les épaules ; j'ai taquiné le chef d'orchestre du Châtelet assez souvent pour être crue quand je l'affirme incapable d'une rosserie aussi noire...

Dans l'auditoire, Camille Erlanger que Paul Dupont couve du regard, Barthou qui fut ministre, Fierens-Gevaert qui le sera un jour, et plusieurs Allemandes extasiées de la robe arborée par madame Mottl, satin rose vif avec tablier pointu dessiné par un volant de dentelle crème... Sans nier les charmes de cette somptueuse toilette, je lui préfère la voix de la cantatrice, quoique enrhumée ; dit par elle, c'est un charme, cet air d'Agathe, tout parfumé de grâce naïve, et dont certaines formes d'accompagnement délicates — ce qui n'a gathe rien — ont à coup sûr hanté l'auteur de *Siegfried* alors qu'il entendait les murmures de la forêt bercer son héros ingénu sur qui « un aubépin versait à flots son rose arome. » (Bonjour, ami Vielé-Griffin !). L'aimable cantatrice allemande a fait également applaudir deux lieder wagnériens, point subversifs, transcrits par son mari, *Schmerzen,* et puis un *Wiegenlied* petiot, bien petiot, si petiot que je m'interroge anxieuse... Voyons, la main sur la conscience, Herr und Frau Mottl, était-ce bien la peine de venir si loin, de mobiliser tant de musiciens, de convier un si compact auditoire, — Gustave Lyon de qui la harpe va être exhibée ce soir par madame Tassu Spencer, Camille Bellaigue au poil flavescent, etc., — pour l'initier aux grâces menues d'une berceuse instrumentée avec gentillesse, je n'y contredis pas, bissée, je l'avoue, mais dont les câlineries trop peu imprévues, et les immanquables violons *con sordini,* et toute l'instrumentation, enfin, aurait pû être confectionnée par un de ces petits compositeurs à la douzaine, fignoleurs de romances anémiques pour snobinettes, Bemberg par exemple.

Hélas ! impossible d'entendre la petite page funèbre wagnero-weberienne, *Trauermusik ;* il faut fuire vers les saules des Champs-Élysées, pour ouïr Eugen d'Albert, Anglo-Allemand gallophobe (c'est son droit), talentueux (c'est son devoir), époux de la pianiste Teresa Carreno (je crois qu'ils ont divorcé) ; il m'a charmée, jadis, en Allemagne ; aujourd'hui je l'ai trouvé rasant tout à fait. Avec l'immense majorité de ses compatriotes, d'Albert croit, dur comme fer, que tous les Français sont des idiots complètement incapables d'aimer autre chose que les opérettes ; imbu de cette idée, il fignole, à leur usage, le concerto en *mi bémol* de Beethoven qu'il enjolive de préciosités saugrenues et d'absurdes chichis ; puis il patchoulise un Nocturne de Chopin, avec un maniérisme exquis et même Paderexquis ; enfin une valse coco, « Soirée de Vienne », succède à la Rapsodie de Tauzig, ce Liszt du pauvre.

Schumann a profité de la présence du virtuose ; grâce à l'acclamé d'Albert, la symphonie en *ré mineur* fut jouée (extrêmement bien) devant un public nombreux, et qui l'applaudit, d'ailleurs, de fort bonne grâce, cette œuvre impétueuse et tendre où le sensitif de La Quessye voit, en ses divagations musicales, du triomphe et du rêve, de la mélancolie et de la joie.

A bientôt l'oratorio de l'abbé Perosi, conduit par l'auteur, ce qui m'encolère, car je hais ces exhibitions de soutanes, recouvrant chefs d'orchestre ou députés, au Cirque comme au Palais-Bourbeux.

27 février 1899.

Vous allez croire que je radote ! Et pourtant je vous affirme que je viens d'assister à ce spectacle inoubliable : un compositeur de vingt-six ans, inconnu chez nous il y a quinze jours, ayant élaboré un oratorio, la *Résurrection du Christ*, a trouvé de suite pour le lancer un comité de patronage truffé de noms retentissants, des bailleurs de fonds pour le payer, l'ochestre Lamoureux pour l'interpréter, et le gratin du Tout-Paris musical pour l'applaudir. C'est comme j'ai l'honneur de vous le dire ! Et vous avez beau hausser les épaules, bougonnant : « Cette pauvre vieille Ouvreuse déménage », je vous répète qu'hier, de quatre à six, j'ai vu le Cirque d'Été bondé de mélomanes extraordinairement selects (citons seulement la princesse Mathilde et le Nonce, tous deux en violet) qui n'ont pas cessé de prodiguer leurs bravos à un musicien, à un tout jeune musicien. Qu'ils viennent à présent se plaindre à moi de l'indifférence du public, les compositeurs !

(J'oubliais un détail : ce débutant, si véhémentement applaudi en France, est Italien.)

Don Lorenzo Perosi n'est point dénué de talent, il a étudié Palestrina, Gabrieli, Vittoria, Lassus ; il vénère Carissimi, il porte au chant grégorien une affection qui lui vaut la reconnaissance de la *Schola cantorum*, il ne se poisse jamais aux fausses religiosités sirupeuses où s'englue Massenet, il ne s'abandonne pas non plus aux fougues inconvenantes d'un Rossini, dont les prétendus airs sacrés semblent toujours danser le cancan devant l'autel ; non ! De son tempérament italien, sévèrement maté, il ne conserve que la vitalité nécessaire pour animer son inspiration qui s'appuie sur les textes saints ; ce n'est point le Mascagni de bénitier que j'aurais sifflé de si bon cœur, mais plutôt un Boïto qui aurait beaucoup travaillé Bach.

Des défauts, certes, il en a ! (Ou, du moins, je lui en trouve, ce qui revient au même pour moi). Rarement son orchestre, plus bruyant que sonore, parvient à intéresser ; en plus d'un passage il gêne, notamment quand il accompagne, si mal à propos, l'aimable chœur *Crux fidelis* qui ferait meilleur effet à *capella*, j'en jurerais. Ses cuivres sont plutôt voyants ! (ô ce maudit trombone en dehors qui s'étale avec tant d'irritante complaisance). Et les gaucheries abondent, telle cette puérile intervention de l'harmonium annonçant de façon si bébête, la première phrase du Christ ressuscité. Encore que ces manquements soient beaucoup moins coupables en un oratorio que sous la plume d'un dramaturge, on pourrait signaler des fautes de déclamation lourdes, *involvit illud* (pause) *in sindone*, et de fort inutiles répétitions de paroles. Quoi encore? Un abus de la petite flûte dans le finale qu'elle n'empêche pas d'être réussi, d'ailleurs ; et trop de violoncelles jouant sur la chan-

terelle, bien que l'instrumentation reste digne
sans s'abaisser à certaines facéties expressives.
Mais quoi ! certains chœurs s'avèrent tout pleins
de mouvement, par exemple celui des juifs (ce
qu'il y en avait dans le cirque ! Presque autant
que de prêtres !), des juifs, dis-je, demandent à
Pilate de garder le sépulcre. Le duo des deux
Marie est parfumé de grâce un peu archaïque.
Enfin la rencontre de Marie-Magdeleine et de
Jésus m'a empoignée ; après que le Sauveur
(M. Darraux, applaudi), a prononcé ce seul mot
Maria, la femme jette un cri de joie éperdue
« Rabboni ! » trempé de larmes encore, mais
déjà frémissant de certitude heureuse. « Bon
maître ! » Et voici que toute une vie émotion-
nelle s'organise à l'orchestre — avec des moyens
incroyablement simples — un crescendo d'exul-
tation s'enfle, saisissant, la sonnerie de Parsifal
bondit en valeurs diminuées, les trompettes clament des appels de triomphe et les *Alleluia* des
anges et des chérubins éclatent, se croisent,
jaillissent, tourbillonnent d'allégresse.

Voilà pourquoi il me plaît d'oublier les notes
de nez médiocrement justes, — de fausses na-
sales — prodiguées par le ténor Reschigliano, et
les réclames amoncelées autour de ce petit abbé
Perosi (très gentil et simplet dans sa soutane
trop courte).

2 mars 1899.

Opéra-Comique. — *L'Angélus*, opéra comique en un acte de M. Georges Mitchell, musique de M. Baille. — Reprise de *Phryné*, opéra-comique en deux actes, poème de M. Augé de Lassus, musique de M. Saint-Saëns.

Non seulement à cause du charme de la débutante, mademoiselle Emelen, mais en raison de leur mérite, les allégresses décentes de *Phryné* ont plu. En sa grâce un peu maigrelette, cette menue partition, où des élégances à la Gounod succèdent à des gaudrioles offenbachiques prudemment assagies, me paraît, sinon le chef-d'œuvre dramatique de l'auteur, du moins plus intéressantes que les *Frédégonde*, que les *Ascanio*, que ces massifs et froids lieux-communs historiques attiédis par Saint-Saëns aux feux (?) de ses musiques.

L'instrumentation (M. Messager y travailla, dit-on) est d'une désinvolture érudite, parfois relevée de goguenardises, les bassons soulignant les phrases moralisatrices de Dicéphile débondées par Fugère avec une emphase qui a mis la salle en joie ; M. Clément soupire agréablement la romance *O ma Phryné !* dont le thème reparaît dans l'introduction du second acte, marié au motif de l'Anadyomène ; mademoiselle Emelen, Phryné affriolante de joliesse potelée, a chanté son rôle avec une sûreté fine qui lui a mérité l'approbation des connaisseurs, un peu agacés

3.

pourtant par les enthousiastes vociférations de la claque.

⁜

Il serait malséant de piétiner l'*Angélus*, berquinade maritime de M. G. Mitchell, additionnée de musique par M. Baille. C'est l'histoire d'une pauvre Bretonne abandonnée par son homme qui court la gueuse, la seule gueuse du pays. Le gars de l'infortunée, son congé « tiré », revient au logis, trouve sa mère en larmes, l'interroge, apprend tout, et comme — précisément — le volage pêcheur passe par là, il jette au visage de ce père indigne ses quatre vérités, et presque une gifle, « Demande pardon à ton père ! » ordonne l'épouse ; le fils refuse ; discussion pénible ; par fortune l'angelus tinte et sa pacifiante sonnerie agenouille le gars adouci, le coureur repentant, la mère qui pardonne. Alto solo. Embrassement général.

Madame Dumont, la Kaïto de *Fervaal*, joue avec une émotion communicative et chante bellement. Sauf un gentil petit chœur dans la coulisse, je ne vois plus rien à louer, ni personne.

3 mars 1899.

Mon Dieu ! je ne me plains pas, je ne prétends pas qu'il se donne trop de concerts, non, mais, enfin, il y en a assez. Vendredi, mademoiselle Schjelderup opérait, avec le concours de l'excellent Marcel Herwegh, qui vient de rafler en Allemagne tous les lauriers disponibles ; hier, occupée à ouïr trois séances seulement, — Conservatoire, Cirque d'Été, Châtelet, — je n'ai pu, vous me croirez sans peine, me rendre à Nancy, où Guy Ropartz, à-la-barbe fluviale, souhaitait me faire entendre la Cardiaque, avec, pour l'Ode à la joie, la traduction d'Alfred Ernst, bien supérieure aux bouts (mal) rimés de M. Boutarel... Étonnant d'activité, ce Ropartz, qui, l'autre semaine, festivalait Vincent d'Indy somptueusement ; lui et Gay, dispensateur de la bonne musique aux Havrais, c'est deux rudes lapins ! Ce soir, pendant que l'onduleux abbé Perosi dirigera sa *Résurrection*. je cinglerai vers la salle Pleyel, à dessein d'applaudir madame Roger-Miclos jouant, avec Carcanade, la sonate de Chevillard dont les indications en idiome transalpin me réjouissent : *Allegro molto moderato ma appassionato, con molo poco scherzando, quasi una barcarola, la lingua italiana è molto commoda !* Mardi, madame Marie Mockel met sa méthode sûre et son goût éprouvé au service du compositeur Sauvrezies (matinées Berny), le lendemain, mon cher ennemi Henri de Saussine nous convie à passer

en revue ses principales productions, Sonate
pour piano et violoncelle récemment applaudie
chez madame Jameson, puis, interprétées par
Engel, « Chanson de Barberine», « Sérénade de
Perlino », « Aubade à Georgette prisonnière »,
qui ne manquera pas de picqu... ant, etc.

Mentionnons le succès obtenu au Châtelet par
Médée, succès auquel ne manquait que la présence de l'auteur, occupé à montrer aux Ange-
vins comment on doit conduire la Pastorale.
(Ce Vincent baladeur, quel Juif... pardon, quel
Patriote-Errant!) Encore que la partition en soit
dédiée à quelqu'un que je n'aime guère (de
même que l'excellente *Musique à Paris*, de
Gustave Robert), elle me plaît infiniment. Quelle
joie de l'entendre sonner si bellement, cette
œuvre saine, robuste et drue, qu'il fallait péni-
blement deviner à la Renaissance où la râclaient
avec hésitation un trop petit groupe — un grup-
petto — de musicos moroses ! A l'exception
d'une belle Junon niaise, en robe noire bruis-
sante (« le paon paré des perles de jais », eût dit
le sympathique La Fontaine), qui ronflait ma-
jestueusement, tout l'auditoire — j'ai noté la
présence d'un bébé malpropre dormant près de
son grand-père enchiffrené (si jeunesse se lavait,
si vieillesse se mouchait) etc., — tout l'auditoire, donc, admire l'ouverture, où s'exprime le
double caractère de Médée, farouche et charmeresse, en deux thèmes, l'un strident, l'autre

berceur, alternant jusqu'à ce que la phrase enlaçante se présente, avec une superbe intensité,
sous un trille qui, longuement, se prolonge...
Tout cela d'allure classique, de sonorité sobre,
obtenue avec des moyens simples — l'orchestre
d'*Egmont*, pas plus — dont, certes, ne saurait
se contenter la prétentieuse exigence de certains
jeunes, mais que d'Indy sait amalgamer de façon
à contenter les oreilles les plus difficiles, sinon
les plus longues...

Au théâtre, les pantomimes charmaient, ré-
glées par Euripide (prononcez Mendès) qui nous
montraient les jeunes vierges « mêlant sur le
chemin la rose au lys farouche » ; privées du
décor, du geste, des adorables stances explica-
tives du poète, elles demeurent exquises musicalement, On bisse la séduisante phrase qui
escorte « au palais des rois éoliens » Créuse,
pressée, craintive cependant, « de changer sa
ceinture à de plus doux liens », l'accompagne
jusqu'au seuil nuptial, entre avec elle, serpente
à travers les colonnes du péristyle, murmure, de
plus en plus lointaine, et s'éteint. Ça m'a rappelé
mon mariage, j'en étais toute remuée ! dût cet
aveu me ridiculiser aux yeux du petit youpin
orgueilleusement gaspilleur qui me rappelle le
proverbe : « A *Cerf* avare un faon prodigue ».

Malgré l'abus naïf des cymbales, malgré les
négligences de la déclamation, quelles touchantes et hautes beautés brillent dans *Rédemp-*

tion, partition canonique entre toutes, où l'air de l'archange, notamment, est d'un charme expressif et d'un élan incomparable. (Mademoiselle Tanési, chauffez, s. v. p.) A. M. Colonne, qui mérite bien de la musique moderne en donnant de cet œuvre une exécution très soigneuse, je conseillerais d'interviewer les élèves de Franck au sujet de certains *accelerando*, chers au Maître, qui exaltaient l'intensité, dans le morceau symphonique de la seconde partie, notamment. Quant au poème, archi-pompier, si on le coupait, dites ! Ça ne chagrinerait que mademoiselle du Minil, et nous, ça ferait notre Blau.

Très applaudi par la princesse Bibesco, madame de Bonnières, le prince Constantin Brancovan, Girette l'éclectique (et qui a bien raison de l'être), le marquis de Gonet et aultres, le pianiste Viana da Motta joue du Bach, miraculeusement ; dans le Choral *Wachet auf*, il réussit à rendre nettement distinctes les sonorités différentes des deux claviers *manuale* de l'orgue (accompagnement des 16 pieds doux de pédale) ; il exécute magnifiquement le prélude en *mi bémol* non marqué au programe. Bravo !

Au Cirque, on fête le violoniste Hubay, réputé, fêté, mais qui me rase en zigzag avec un adagio de Sphor (j'allais écrire « ce porc ») et du Mozart joué sans style.

Acclamée par Paul Braud, qui supplée Diémer au Conservatoire, la très amusante Scheherazade de Rimsky-Korsakoff (bien inférieure aux *Thamar* et autres *Sadko* de l'école russe) vaut qu'on en reparle longuement. Ce sera pour la prochaine fois, si Dieu me prête ce que vous savez.

6 mars 1899.

J'ai reçu une pincée de lettres me reprochant de ne pas assez parler des « petits » concerts (ceux où, souvent, on entend de la « grande » musique) ; or, je le demande, de bonne foi, aux artistes qui m'écrivent cette pincée de lettres, et ces lettres pincées, comment me serait-il possible de narrer en détail que le très smart Léon Delafosse, par exemple, a fait applaudir samedi, par un public idolâtre, mais restreint, sa musique enlacée aux strophes câlines d'André Lebey, si, après, il me reste à peine la place de rendre compte de *Scheherazade* exécutée au Cirque ou au Châtelet, devant je ne sais combien d'auditeurs... (ou même davantage !)

Donc, navrée de ne pouvoir faire plus, je relate brièvement le succès remporté, au dernier concert Parent, par deux quintettes à cordes, de Beethoven et Svendsen, puis par mademoiselle Bathori dans trois jolies petites pièces de Pierre

de Bréville, toujours jolies, mais toujours pe
tites, — à quand la grande œuvre? — Mardi,
nous ouïrons l'expansif Eugène de Solenière
conférencier sur la Chanson moderne des Xanrof
français et anglo-saxons; et Marcel Legay cla-
mera, Tyrtée de brasserie. — Mercredi, salle
des quatuors Pleyel, les petits vents soufflent,
flûte, hautbois, clarinette, cor et basson, qu'em-
bouchent Barrère, Gaudard, Richardot, Marius
Volaire et Flament. — Le lendemain, René
Chansarel pétrit l'ivoire. — Le 18 (ah! que Dieu
a donc créé de pianistes!), second concert Léon
Delafosse, où se donneront « les rendez-vous de
noble compagnie », comme chantait le grand-
père de Ferdinand Herold.

Et la province se remue! Comme s'il se trouvait dans le Midi, le Havre bouge; hier, le bon
capellmeister Gay festivalait Fauré (ô les roses
d'Ispahan au parfum impérissable!), d'Indy,
Bordes, Louis de Serres; Engel fut acclamé,
les compositeurs itou, on banqueta; aujourd'hui,
ils se plaignent tous du xylostome! — Quant à
Nancy, Guy Ropartz y joue dimanche prochain
la belle cantate de Bach, « Wer weiss », inconnue
en France, la neuvième, et son propre Psaume
136, que la Philharmonique de Berlin donnera
l'hiver prochain, avec le *Requiem* de Berlioz,
déjà exécuté sept fois, s'il vous plaît. Voilà qui
la coupe à Huges Imbert qui passe son temps à
découvrir Brahms, quand l'heure serait si bien

venue de le recouvrir ; mais cet excellent Belge n'entend discuter qu' « avec ses pairs », aussi je n'insiste pas. Et allez donc, c'est pas mon pair !

Au Cirque d'Été, beaucoup de têtes en renom (et quelques « pieds » aussi, pour faire nombre) : les scientifiques Tannery, Humbert, Painlevé et Léauté ; Georges Hüe et Hillemacher attendant leur tour à l'Opéra-Comique ; Marty, rasé — il ressemble à Irving — à qui Danbé promet de représenter le *Duc de Ferrare* sur la scène de la Renaissance, un peu petite, hélas ! (après tout on a bien donné le *Crépuscule des dieux* à l'Epatant) ; le grassouillet Galeotti, Silvio Lazzari plus mince, Gustave Robert très complimenté pour sa « Musique à Paris », madame Roger-Miclos ; le grand pianiste Vianna da Motta qui me recommande d'assister au copieux concert de l'Ecossais Frédéric Lamond, comme lui élève de Liszt ; Paul Arosa, le blond poète, Kopf-Benfeld, auteur d'une parfaite réduction à quatre mains de *Médée*, della Sudda qui achève un portrait de Bagès, le spirituel Robert de Flers, barons de Langsdorff et d'Eichtal, mesdames Kinnen, Desgenetais, X, Y, et même la grosse Z, toujours en beauté, depuis cinquante-quatre années, me souffle Raymond Bouyer aux yeux narquois.

Joli accueil pour la jolie mussetterie *Etoile du soir*, de l'ami Bachelet, d'instrumentation délicate : des sons harmoniques de harpe, à l'unisson avec les bois, représentent les astres, la « pâle étoile du soir, messagère lointaine » spécialement figurée par un *si bémol* du Glockenspiel ; brève tempête, long soupir ascendant de la clarinette, et tendrement, madame Jeanne Raunay chante, exquise en sa robe de dentelle noire sur transparent d'azur ; dans une montée de hautbois jusqu'au contre-*fa*, Sechiari violonne un trille, — sans doute « la » phalène (Victor Hugo disait « le ») qui traverse les prés embaumés, mais je n'en donnerais pas mes rubans roses à couper. — Pour finir, gradation expressive jusqu'au dernier vers, « Etoile de l'amour, ne descends pas des cieux », et tenue du violon solo avec flûte dessous. Bachelet voulait intituler son œuvre l'*Etoile de l'amour*, mais il a craint les quolibets sur « les étoiles de l'amour » brillant au ciel... de lit.

En écoutant la sultane *Schcherazade* dans la version musicale de Rimsky-Korsakow, je comprends que Schariar ait différé son supplice ; ces Mille et une Nuits sonores, c'est la féerie de l'Orient tout proche, exprimée par l'âme orientale du Slave, où le gazouillis du violon-solo, le chromatisme amusant des arabesques (admirable, le clarinettiste Lefèvre) encadrent les courtes phrases plaintives, les éblouissements orchestraux de Bagdad entrevus, auxquels succède encore le gémissant appel de la mer. Et, mélancoliquement, le vaisseau de Sinbad s'abîme, comme le rêve éclos dans les fumées du haschich... D'ailleurs, une telle orgie de timbres qu'on croirait voir un album du philateliste Maury.

Au Châtelet, devant l'ex-ministre Méline et Henry de Lucenay (et quelques autres personnes encore), *Rédemption* se joue sans encombre ; mademoiselle du Minil, — ici, je copie René Brancour, — que nul rôle d'ingénue, d'amoureuse, de jeune première, de soubrette, de mère noble, de duègne ou de travesti ne retenait à la Comédie-Française, mademoiselle du Ménil a mobilisé en faveur du poème ses plus passionnées intonations. Elle nous a même conviés « à la prière » du même ton que si elle eût crié : « A la niche ! » ou encore : « Aux armes, citoyens ! »

Tapi dans un coin, l'auteur de la *Résurrection* écoutait ; s'est-il convaincu que le grand Père Franck dépasse de beaucoup le petit Père... osi ?

13 mars 1899.

L'événement du jour, c'est la décision — longuement mûrie — et définitivement prise par le hardi Lamoureux, de convier les wagnériens (qui

qui n'est pas wagnérien ?) à des représentations intégrales de *Tristan et Yseult*. Bien qu'à peine remis d'une phlébite insigne dont tout Paris s'entretient (*Phlébite et insignis tota cantabitur urbe*, disait Beaunier à Jules Lemaître), le Patron, frais comme un brugnon, l'œil vif, le cœur sur la main et la main aux dames, le Patron, dis-je, m'invita à partager, rue Ballu, un déjeuner amical, — si amical que furent bannis du menu les œufs « brouillés », — au cours duquel il s'ouvrit à moi... non sans m'avoir fait jurer de ne point abuser de cet Hara-Kiri sentimental.

Un confrère zélé (le plus ailé, ô Foley, c'est Zéphyrin Baudu) a informé ses quatre lecteurs que l'orchestre du Nouveau-Théâtre serait, pour la circonstance, « enfoui comme à Bayreuth » (enfoui !), ajoutant à cette bêtise une enfouinité d'autres inepties, ce qui prouve que ce rédacteur d'une feuille de chou s'entend à poser des lapins. Inutile de réfuter cette gaffe, j'imagine ! M. Lamoureux aura bien assez d'aménagements à surveiller, de courants d'air à supprimer, d'architectes à eng...ager, etc., sans s'amuser en outre à creuser une fosse pour y ensevelir ses musiciens, d'autant plus qu'il lui faut encore filer à Londres où Neumann édifie à Queen's Hall un gigantesque plum-pudding musical qu'on mangera pendant six jours ; après quoi, il devra assister aux répétitions tétralogiques de Bayreuth, enfin se curer à Bagnoles-de-l'Orne. Quelle existence mouvementée ! On dirait une vie d'ouvreuse !

Quelle version on chantera ? Celle du pauvre Alfred Ernst (collaboration Bruck) terminée par Louis de Fourcaud. Les 150 souscripteurs de la chose verseront chacun vingt-cinq louis qui leur donnent droit à cinq pour cent d'intérêt, à une place de répétition générale, à un sourire de l'Ouvreuse, à je ne sais quoi encore. Je reviendrai sur ce sujet, et chez le Patron, heureuse de revoir cet intérieur que décorent un buste de Beethoven, un médaillon de Wagner et mon portrait (par Jacques Blanche) en demi-peau... j'allais écrire en demi-vierge.

Au Circoff Lamoureuxki, empli de Russes, grand concert où fut acclamée Mme Gorlenko-Dolina, avec pleine justice. Je ne suis pas folle du monotone arioso de Tschaïkowsky, *Moscou*, mais qui n'aimerait les trois jolies chansons de « Lell », que la cantatrice Russe interprète de si compréhensive façon, avec un humour où la tristesse s'éclaircit d'un fugitif sourire, dirai-je mélancolique ? Pendant que les bravos faisaient rage, on apporta à la triomphatrice un bouquet, ou mieux un bosquet de fleurs, cravaté de tricolore, grand comme un kiosque à journaux. Originales et rêveuses, ces chansons ! La première — sans autre accompagnement, presque, qu'un cor anglais — m'a paru écrite dans un mode qui n'est plus de mode, comme disait Berlioz, en *sol mineur* avec un *mi* naturel ; ça doit avoir un nom tiré du grec, je demanderai à Tiersot ; la seconde, active et guillerette, et la troisième, la plus connue en France, la troisième m'a ravie, brève, toute parfumée de grâce agreste, et qui s'envole sur l'ell de la brise... D'ailleurs ce n'est pas une raison pour que la clarinette attaque sa ritournelle une minute trop tôt. Après avoir présenté ce triptyque de Rimsky-Korsakoff en russe, Mme de Gorlenko-Dolina a déclamé en français l'expressif air d'*Orphée*, « Eurydice n'est plus et je respire encore », et en allemand les tritanesques *Rêves* de Wagner. Savoureux polyglottisme ! Moi, je n'ai jamais pu avoir dans la bouche plus de deux langues, en comptant la mienne.

Dans l'assistance : Henri de Curzon que des rais de lumière, passant à travers les vitraux polychromes, arcenciélisent *alla* Besnard ; Ganne, slavophile puisque auteur de la *Tsarine* ; Gaston Paulin, qui me promet un « Souvenir de la Grande-Chartreuse » grisant ; René-Benoist, qui a l'air aimable, et Alfred Bruneau, qui n'a pas l'air de René-Benoist ; Sylvio Sazzari, de qui l'Octuor venteux fut applaudi samedi à la Nationale, ainsi que « Trois proses » raffinées d'Albeniz supérieurement chantées par Mlle Thérèse Roger. — Enorme succès pour le violoniste russe Auer, que je n'aurai garde d'attaquer, car il doit avoir bec (Auer) et ongles ; assez mal accompagné par notre orchestre, par notre incomparable orchestre, il a joué — avec un son moins caressant que Thibaut, moins puissant qu'Ysaye, plus expressif que Sarasate — le Concerto de Mendelssohn dans un mouvement endiablé. Parent, Van Waeffelghem, et tous les connaisseurs l'ont applaudi à tout rompre, même leurs gants.

Oh ! que Gustave Robert, dans son excellente *Musique à Paris*, stigmatise avec raison l'abus du virtuose ! Mme Marx-Goldschmidt nous a tous douloureusement râpés, Gresse le disait sans mystère, Mme Roger Miclos était sans voix ; elle effleure précautionneusement le clavier, sans l'ombre de vigueur ; c'est une pianiste pour chambre de malade.

Vu à la *Damnation du Châtelet* : princesse Gortchakoff et Brancovan, comtesse Xavier de la Rochefoucauld. Mmes Porgès et de Bouchaud, et le petit usinier Saint-Cinnati, ce pigeon devenu la proie d'une bécasse.

20 mars 1899

Opéra-Comique. — *Beaucoup de bruit pour rien*, opéra en quatre actes et cinq tableaux, d'après Shakespeare ; poème de M. Édouard Blau, musique de M. Paul Puget.

Il est peut-être inutile de conter par le menu l'affabulation de *Beaucoup de bruit pour rien*, car les personnes qui n'ont pas lu *Much ado about nothing* dans le texte (celui de François-Victor Hugo, s'entend) en connaissent au moins la célèbre adaptation musicale de Berlioz ou, naguère, ont applaudi la gracieuse fantaisie simili-shakespeariennne de M. Legendre qui fit recette à l'Odéon. Rappelons que la scène se passe à Messine. Il s'agit là des amours de Claudio et d'Héro, compromises par l'envieuse fourberie de don Juan, frère bâtard du roi don Pèdre, mais finalement triomphantes grâce au jeune Benedict, seigneur spirituel qui lui-même épousera une cousine d'Héro, la caustique Béatrix, qu'il aime depuis longtemps sans vouloir l'avouer et de qui il est aimé sans qu'elle consente à le reconnaître. « En avant les flûtes ! »

Du livret français, peu de chose à dire : assurément les métaphores y employées ne sont pas toutes d'une nouveauté bien saignante, et je ne crois pas que la recherche de l'épithète rare ait exagérément blanchi les nuits de M. Édouard Blau ; mais en nul endroit son « poème », d'écriture cursive, ne présente l'irritante ineptie de tant d'opéras célèbres ; et ceci est énorme. D'ailleurs, dussé-je me faire lapider par les irréductibles tenants d'un romantisme attardé, pour qui Shakespeare est — lui aussi — un « bloc » intangible qu'il faut admirer en totalité, non par lots, j'avoue que *Beaucoup de bruit pour rien* ne m'a jamais enthousiasmé ; avec plus de courage civique, j'irais jusqu'à écrire les mots d'œuvre médiocre, voire un peu niaise (tout de même, il me semble que j'exagère un peu...) En outre, il m'est impossible de regretter que le librettiste ait émondé son texte de certaines gentillesses dont s'enjolive l'original, telle cette fleurette de Benedict à Claudio : « Quelque taureau a dû saillir la vache de votre père et lui faire un veau qui vous ressemble fort, car vous avez juste son beuglement. »

La partition de M. Puget vaut qu'on l'examine de près. Tâchons-y, étant dès l'abord admis, comme il convient, — Brunetière, que me veux-tu ? — que nous ne discutons point les recettes d'art, en quelques endroits désuètes, élues par le musicien, et que nous jugerons son œuvre indépendamment de nos préférences. Elle témoigne d'une conscience très grande, d'un très honnête labeur, et très méritoire ; même, il advient que l'orchestre, traité avec trop de luxe, de luxuriance, pour mieux dire, y souligne inutilement des passages sans importance. Cette probité

scrupuleuse, ces soins méticuleux nous changent
des partitions hâtives, improvisées par des arrivistes moitié ignares, moitié fumistes, généralement appelés » bien doués » par ce qu'ils se contentent de la première idée venue, — le plus souvent mal venue, — partitions qu'on dirait
bâclées sur un coin de table de brasserie, entre
un museau de bœuf et un éreintement de l'école
franckiste, et dont nous avons subi plusieurs
spécimens. On nous a présenté, hier soir, une
œuvre à dessous très soignés, sinon à la dernière
mode... car sa coupe date un peu, et sa division
en compartiments ; pour n'être pas séparés par
des silences, ils n'en existent pas moins, et fort
nombreux.

Wagnérienne? Non. On ne veut plus ressembler à Wagner et je ne saurais reprocher cette
résolution à personne : M. Puget, encore qu'il
donne à son œuvre une armature de leitmotifs,
craint l'Homme de Bayreuth, que quelques
vieillards seuls appellent encore Dieu. C'est incontestablement son droit ; mais il craint moins
Gounod et Massenet qui ne laissent pas que de
présenter, eux aussi, quelques dangers. Toute la
partie amoureuse de *Beaucoup de bruit pour
rien*, celle qui, productive, sera dépecée par
l'habile éditeur Heugel en morceaux destinés à
figurer incessamment « sur tous les pianos »,
s'alanguit en romances qui n'ont pas toutes autant d'accent qu'on le souhaiterait; les phrases

amoureuses selon le gabarit de *Roméo et Juliette* y fourmillent qui, parfois, s'affadissent à
leur conclusion en formules empruntées à l'auteur d'*Hérodiade*. J'aurais juré que le public de
la première les accueillerait avec des transports
d'enthousiasme. et je me demande encore comment elles n'ont pas réussi à le dégeler.

D'ailleurs, non dépourvus de charme, ces passages de tendresse révèlent en M. Puget un
compositeur mieux fait pour exprimer les gentillesses courantes des amourettes coutumières
que les magnifiques désordres de la Passion
(avec un P majuscule). A n'en point douter,
l'idéal de cet élégant prix de Rome (1873), c'est
« la grâce plus belle encor que la beauté ».

Les séances dramatiques semblent, sinon plus
personnelles, — car l'inspiration de Meyerbeer
y demeure sensible, — du moins mieux venues.
Certaines, visant à l'effet, y atteignent, ce qui
n'est pas à dédaigner. Je citerai celle de l'Église,
où, aux pieds de l'autel, Claudio accuse sa
fiancée Héro d'adultère avant la lettre de faire
part, scène traitée à la façon des anciens finales
d'opéras, mais non sans grandeur, grassement
orchestrée et où les trombones resserrés dans le
grave soulignent la déclaration (on pourrait dire
la déposition) accablante du roi Fugère.

Mais cette recherche perpétuelle de l'effet, à
la longue, fatigue ; le procédé de grossissement
dont use continuellement M. Pouget risque de

l'entraîner dans l'emphase. Les cuivres ne ménagent pas assez leurs éclats ; trompettes, trombones (ils sont quatre !), sarussophone, se montrent volontiers agressifs, strident à tout propos
et, dans leur zèle, vont jusqu'à souligner d'anodins récits où ils n'ont que faire. De là quelque
lourdeur et, par instants, comme une touffeur
pénible : ça manque d'air, sinon d'airs.

Il m'a semblé que, notamment dans le premier
acte, où Messine en fête accueille le sympathique roi don Pèdre, les changements de timbres
se multiplient avec trop de fréquence ; des sonorités nous frappent une seconde qui s'évanouissent aussitôt, si fugaces que leurs brusques disparitions laissent une impression de papillotement ; on dirait d'un Fortuny musical. En
revanche, dans certains passages, il faut louer
des adresses particulièrement heureuses d'instrumentation, celui du deux entre autres, où,
tandis qu'un valet payé par le traître paraît au
balcon d'Héro, tenant embrassée une comparse
en qui le peu sagace Claudio croit reconnaître
Héro elle-même, grésille le ricanement suraigu de
deux petites flûtes sur la phrase rampante d'un
saxophone cauteleux.

Soucieux de ne point recommencer Berlioz,
les auteurs n'ont pas insisté sur la partie comique (?) que leur fournissait l'amour hérissé d'épigrammes de Béatrice et de Bénédict ; pour donner
quelque légèreté à leur œuvre et trouver, deci de-

là, un contraste voulu par le système d'alternance qu'ils ont adopté, ils se sont rabattus sur Borachio, succédané de tous les soudards qui titubent dans le répertoire, rôle écrit trop bas pour la voix de M. Carbonne qui, d'ailleurs, a plu en débitant des couplets que la narquoiserie des bois égaye.

Déjà remarquée par les connaisseurs bruxellois dans le *Fervaal* de notre d'Indy, Mademoiselle Mastio, d'un esthétisme qui relève de Walter Crane plutôt que de Shakespeare, compose et chante son personnage d'Héro avec de soigneuses élégances ; Mademoiselle Telma frétille, piquante à souhait. Dans le rôle épuisant de Claudio, le jeune Léon Beyle se dépense sans compter ; honneur à sa fougue généreuse... Moins prodigue, M. Clément ménage ses effets et les réussit tous. M. Gaston Beyle, un Arfagard dont nous n'avons pas perdu le souvenir, détaillait en véritable artiste une longue déploration de Leonato devant le corps inanimé de sa fille ; on lui a coupé cet arioso. Le pittoresque Isnardon silhouette non sans grandeur le traître don Juan, de qui un contre-basson assidu amplifie encore les vociférations caverneuses. Rien n'ajoute à la gloire de M. Fugère, il manquerait à celle de l'Opéra-Comique. M. Gresse officie « Comme ce gaillard-là bénit bien ! » Si j'ai oublié quelqu'un, excusez-moi.

25 mars 1899.

4.

Pour cause d'influenza, je n'ai pu, la semaine
dernière, me rendre à Nancy, que les habitants
songent à nommer Ropartzville, tant le directeur
de leur Conservatoire règne sans conteste sur
tous les cœurs. Plus heureux, Fourcaud de qui
la santé est, moins que la mienne, sujette à
potions, y put ouïr le *Super flumina* dont il
s'affirme enthousiaste, « œuvre ample, très bien
écrite pour les chœurs et pour les instruments,
couleur poétique et plaintive, etc. ». Encore mal
guérie, et ma gorge opulente toute barbouillée
d'iode (iode-toi, le ciel t'iodera), il m'a fallu,
l'âme en deuil, — comme dit la bête noire de
Gyp, — renoncer au concert de l'Euterpe où Du-
teil d'Ozanne dirigeait le *Requiem* de Brahms,
en perfection, paraît-il ; même j'ai dû m'abstenir
d'entendre le troisième concert donné par le pianiste des salons chic, j'ai nommé M. Léon Dela
fasse, médiocrement inquiet du concurrent que
lui veut susciter son ancien collaborateur le comte
de Montesquiou-Fezensac, barde rancunier.
(Dans la salle, comtesses Mathieu de Noailles,
de Pourtalès, mademoiselle Vacaresco, etc. —
Voir le « Carnet mondain ».) A propos de récep-
tions mondaines, je remets à plus tard de vous
parler du quatuor classique d'allure, on ne peut
plus intéressant, que fit entendre chez lui le
prince de Polignac, en même temps qu'une œuvre
de sa nièce, madame la comtesse de Chabannes,
de musicalité charmante et gracieuse.

Qu'ai-je manqué encore ? La soirée musicale des *Enfants de Lutèce*, présidée par le blond Chevilliard, spadassin que je gobe (Reuchsel m'affirme que mademoiselle Menjaud y chanta, à faire honte aux rossignols !) Puis, ce fut la séance des frères Cottin de qui l'orchestre dégote les estudiantinas coutumières et devant qui tout concurrent reste (mezza) capot ; dire que j'ai raté cette occasion d'applaudir « les *Ondines*, pour sept guitares à l'unisson » ! Je ne m'en consolerai jamais.

Le malheur, c'est que cette maudite grippe m'oblitère toutes les facultés, de sorte que, pour apprécier la musique russe exhibée par madame Gorlenko-Dolina, je me trouve dans des conditions de gagaïsme très « déféquetueuses ». Bah ! il y a tant de critiques dans mon cas, et qui ne s'en vantent pas ! Du reste, je n'ai pas le droit de me plaindre, car j'étais presque guérie quand le désir m'a prise, soudain, comme une envie de tousser, d'aller rougir à l'audacieuse revue de Mougel ! Le froid m'a saisie au sortir du Café-Concert ; c'était écrit. Selon le mot fataliste du peintre Della Sudda à Jacques Blanche : « Fallait pas qu'elle y Allah ! »

Ça ne m'a pas empêchée d'arriver au Cirque à temps pour applaudir madame Gorlenko-Dolina dans l'*Absence* où le vieux Berlioz a su exprimer avec une intensité point défraîchie les amertumes cruelles de la séparation...

Reviens, reviens, ma bien-aimée !
Comme une fleur loin du soleil
La fleur de ma vie est fermée
Loin de ton sourire vermeil.

La *Thamar* de Napravnik ne m'a pas semblé beaucoup plus russe que la très française *Absence*; plus allemande, oui ; c'est de la bonne musique de chef d'orchestre, avec, dans le milieu, un passage en *fa dièze* plutôt agréable : « La voix de Thamar renfermait Des charmes de puissance folle » ; mais quoi ! je ne puis oublier que, sur la même légende, Balakirew édifia son prestigieux poème symphonique où, sur des rythmes de langueur, les phrases-bayadères dansent du ventre. « Vive l'*almée* ! » Et, dame ! auprès de ce chef-d'œuvre, tout craque. — De Moussorgski, la cantatrice russe a merveilleusement mis en lumière le fragment de *Khovant-china*, où la raskolnitsa Marthe développe devant Galitzine (pas la violoncelliste), sa mystérieuse et troublante incantation. — Un *Chant circassien* (cru de Cui) a réussi, mais me plaît beaucoup moins que l'adorable berceuse du *Songe sur le Volga*; des strophes pénétrantes de douleur noire où nul rayon d'espérance ne luit plus : « Dors, chéri, fils de paysan, Dieu nous oublie, le tsar ne nous aime pas... » Et la mélopée se déroule, en sa monotonie souffrante. C'est poignant !

Le virtuose Auer n'a vraiment pas une tête de

violoniste, mais s'il n'en a pas l'auer, il en a la chanson, une chanson longuette. Quelle idée falote de franchir la frontière avec cet insupportable Concerto comme passpohr ! « Spohrifique », c'était le mot répété par tous ceux qui ne dormaient pas ; l'ennui, savamment distillé, tombait sur l'auditoire, note à note ; une dame, à bout de forces, fut emmenée, pendant un trille savant, par son mari en larmes ; espérons qu'elle en reviendra. Mais il n'y reviendra pas.

Parmi les russophiles : Julien Tiersot qui, jeudi, conférenciera pieusement à la Bodinière sur les « Chants de la Semaine sainte et de Pâques » ; Houfllack qui est violoniste, Hartmann qui est rose et frais, Febvre qui fut de la Comédie-Française, Cornély qui est dreyfusard, Vincent d'Indy que la *Revue franco-allemande* extermine, avec Bréville, Chausson — et aussi l'Ouvreuse — pour la plus grande gloire de Charpentier (le seul compositeur qu'admette Torchet, si j'ose m'exprimer ainsi), colonel de Nadaillac, baron de Lastours, prince Lucien Murat, Mesdames Jameson, comtesses de Chaumont-Quitry, de Périgord, et plusieurs gens de lettres que je ne nommerai pas, car ils m'embêtent, à la fin, avec leur soif de réclame.

Pour nous consoler de la mort de Beethoven, M. Colonne offrait hier à son public très nombreux un concert uniquement composé d'œuvres du maître ; après le concerto en *ut mineur*,

Pugno fut rappelé cinq fois par le public en délire. Vu beaucoup d'artistes me plaignant de n'avoir pu entendre l'épatant *Requiem* de Fauré conduit par le robuste Griset avec une incontestable énergie ; vu encore Mesdames de Serres, d'Angleville, baronne Vuillet, comtesses de Saussine, de Germiny, de Clermont-Tonnerre, et plusieurs ouvreuses moins titrées.

27 mars 1899.

Jeudi saint, au Nouveau-Théâtre, le subtil Colonne, apparemment plus intéressé par César Franck que ce bel indifférent de Chevillard, nous donna, récompensé par un succès vif comme un dialogue de Gyp, *Rébecca*, idylle biblique rimée par Paul Collin, sans faste ; le sujet en est simple à manger du foin : Eliézer, chargé par le baron Isaac de lui choisir une femme, ne sait trop sur quelle Sémite jeter son dévolu, et s'écrie (en *mi*) : « Dieu de Reinach, je ramènerai à mon patron la première moukère qui m'offrira à boire ! » La petite Juive Rébecca l'entend, et, rusée comme un trio de coquins, se précipite vers l'envoyé une cruche à la main. C'est ainsi que l'on contracte, même sans être sénateur, un mariage avantageux.

Le public a bissé le joli chœur, agrémenté de bassons, des chameliers (plus difficile qu'il n'en a l'air, j'en préviens les orphéons accoutumés à s'ébattre dans le Laurent de Rillé). M. Daraux, l'ex-Christ de don Perosi, a réussi son Invocation, traitée d'une manière puissamment symphonique, ainsi que le duo avec mademoiselle Éléonore Blanc, très en voix, duo dont la fin n'est pas ruisselante d'imprévu. — Les franckistes vont crier au blasphème, mais en mon impartialité, je me sens « l'âme du juge », comme s'exprime le toujours wagnérien Pierre de Lano (*du Nibelung*).

Interprétée au mieux par M. Paul Viardot et mademoiselle Duranton, la sonate pour violon et piano de Lekeu a paru ce qu'elle est, une fort belle chose ; en mai 1897, je me rappelle quelle impression elle avait déjà produite aux séances Ysaye-Pugno, et comme nous avions tous goûté, en dépit de rappels trop précisément franckistes, la longue période sinueuse à la Brunetière de l'*Adagio*, si longue, si sinueuse, donnant comme la sensation de l'éternité... Un serpent qui se mord Lekeu. Dire qu'un compositeur si plein de promesses meurt à vingt-quatre ans, alors que tant de niais attardés blanchissent en vieillissant, vieillissent en gâtifiant !

Vendredi saint, au Châtelet, le public avait l'estomac vide, mais l'applaudissement nourri. Même, il imagina de bisser le débonnaire Caze-

neuve qui, docile, obtempéra, et recommença son
petit récit, pieux à la façon de Luc Olivier-
Merson, de l'*Enfance du Christ* « Les sacrés
voyageurs quelque temps sommeillèrent », cou-
ronnés par de menus *Alleluia* dans la coulisse,
d'une joliesse habile qui sent (déjà !) son Pierné.
Fourbu par tant de Berlioz, le brave garçon
choppa sous Wagner, et agrémenta la prière de
Rienzi de « couacs », d'ailleurs légers, qui ai-
grirent les intransigeants des places haut per-
chées. *Inde* brève tempête sur laquelle M. Colonne dut répandre le liniment de sa pacifiante
éloquence.

Mais voici venir madame Caron, la grande
artiste, si grande qu'à l'Opéra-Comique elle
touchait les frises de ses frisettes (c'est pour
cela qu'elle n'a pas voulu rester chez M. Carré).
Elle suscite dans l'*Iphigénie* de Gluck un enthousiasme plus que tiède, mais moins que Tauride ; après quoi, elle s'attaque avec le coura-
geux Cazeneuve, à la *Walkyrie*... qui résiste ;
malgré la traduction wildérienne, malgré les
défaillances des chanteurs, malgré le bourrage
final des mouvements, les auditeurs se pâment,
ce sont de bons auditeurs. Comme il est tard, je
n'attends pas la grande scène religieuse de
Parsifal et je fuis vers les saules des Champs-
Élysées (désireuse d'*ante videri*), ce qui me fait
traiter de « franche-fileuse » par Manoël de
Grandfort et me vaut un regard méprisant du

sévère Bruneau qui — par mouvement contraire — vient du Cirque au Châtelet; toujours ulcéré par les éloges que reçut *Fervaal*, l'auteur de *Messidor* continue à se faire encenser par les musicographes zolistes, assidus à vider leurs cassolettes sur d'Indy à qui ces folàtres messieurs de la *Revue naturiste* reprochent de n'avoir que la connaissance de Wagner « qui ne supplée pas à la connaissance de la terre » (*sic*). Je m'en doutais.

Le temps de serrer la main de Marc-le-Grand, d'embrasser Maria Legault, de lancer une œillade à Robert de Flers, et j'arrive, un peu essoufflée, chez Chevillard qui opère devant un public d'Anglais impassibles, d'Espagnols sarasatomanes, de juifs vilains, — presque pas de Français !

Sarasate, petit son, grande virtuosité, immense succès. J'aime beaucoup la *Symphonie espagnole* de Lalo, mais les confections musicales de Max Bruch me sont aussi amères qu'un lâchage d'ami : « Max, Max, t'es pas rigolo ! » modulait jadis Polaire, poivrée.

Échevelée, je cingle vers le Conservatoire, où j'aperçois encore Bruneau (l'obsession) qui demande à Kunkelmann-Kerval si Pugno a eu du succès dans le concerto de Mozart (j'te crois !). Taffanel au bàton langoureux s'obstine à battre la nuance plutôt que la mesure, aussi on l'applaudit ferme, surtout quand il flanque sa partition

à terre pour prouver aux populations qu'il peut
conduire par cœur. Connaissez-vous la Messe
de *Requiem* écrite par Saint-Saëns en huit
jours ? L'*Oro supplex*, accompagné par quatre
flûtes dans le grave, et le *Sanctus* avec orgue
ont plu. Public assez nombreux : dans la loge
gouvernementale, j'aperçois Jacques Blanche
qui va exposer au Champ-de-Mars un portrait de
Mézigue.

3 avril 99.

Enchiffrenée, comme la plupart de mes con-
citoyennes qui appartiennent, ainsi que moi, aux
Tout-Paris, j'ai dû, en compagnie de quelques
autres Ouvreuses, également influenzées, — car,
à notre âge, on s'enrhume à qui vieux vieux, —
j'ai dû filer dans le Midi (et le parfait amour,
mais chut!...), ce qui m'a permis d'applaudir, à
Monte-Carlo, un concert composé des œuvres de
Sylvio Lazzari, dirigées par lui-même, musique
pour tout de bon, idoine à consoler de certaines
autres ; les fragments d'*Armor*, délicieusement
chantés par mademoiselle Eléonore Blanc et
M. Daraux, ont fait fureur, ainsi qu'une coquille
du programme informant les auditeurs que la
couronne d'Arthus est gardée par les Korriganes

dans une île de la mer « américaine ». Auriez-vous pensé l'Amérique découverte depuis si longtemps ? Ben, mon Colomb ! dirait notre Courteline.

Malheureusement, cette fugue (avec divertissement) m'a empêchée d'applaudir salle Pleyel la dernière séance d'Indyste du jeune quatuor Monteux (*mil Frau*, Forest et Kéfer) ; les exécutants ont 80 ans à eux quatre et jouent divinement ; Vincent, paraît-il, était baba du chic avec lequel furent interprétés son premier quatuor (Parent donnera le second vendredi), la suite en *ré* (mes amours), et le Trio, l'admirable Trio où le clarinettiste Mimart, semblable-aux-dieux, fut égal à lui-même. Vrai, d'avoir raté cette séance, j'ai l'âme en deuil ; comme dit Gyp, c'est contrarieux !

Samedi soir, entre deux actes d'*Obéron* (pendant que le bon Danbé recevait à bout portant une ovation dont il était tout ému), hermétiquement emmitouflée la dame voilée, quoi !) j'ai filé incognito de la Renaissance à la Nationale qui effectuait avec orchestre de Gabriel Marie un copieux déballage de « jeunes » ; elle a raison de les encourager, mais ils ont tort d'écrire une pareille musique. Qu'ils sont vieux, ces jeunes (au moins si l'on n'admet avec la chanson que les vieux, les vieux, sont ennuyeux). La *Baie des Trépassés*, de Planchet, m'a produit fort bon effet, et sa sinistre persistance des basses évo-

quant « les flots hurleurs », et ses dessins des
flûtes, flottants pour exprimer les seins flottants.
Au moins ça va quelque part, ça se tient, c'est
de beaucoup l'œuvre que je préfère de cet auteur
consciencieux et non pétardier. — De l'ami
Porthmann le *Midi* aurait plu plus (joli) si l'on
n'avait cru devoir en supprimer la partie de
chant ; personnellement, j'aurai toujours du mal
à admirer un portrait dont on aura coupé la tête.
— Joli, l'apport de Bergon, *Nerto* chanté par
Engel engéliquement. La *Vision Polaire* de
madame Muncktell a réussi, me dit-on, en dépit
d'une quincaillerie adventice de cymbales, ce-
lesta, etc., comme l'affectionne madame de Gran-
val. — Je n'ai entendu ni le morceau décoré de
ce titre suggestif : *A trois temps*, par le sympathique musicien qui n'a pas besoin de faire
l'âne pour avoir d'Husson, ni, non plus, ces-
taines pièces faisandées imputables à de jeunes
décompositeurs de musique. Je m'en console.

Au Châtelet, salle remplie jusqu'au bord pour
acclamer le pianiste cher à la Pologne et au
noble faubourg, Paderewski, plus mince que
jamais, plus roux que jamais et assis plus bas
que jamais, ce qui ne l'empêche pas d'être porté
aux nues plus haut que jamais. Il me faudrait
du courage civique, plus que je n'en ai, pour
m'inscrire, seule, en faux, contre les bruyants
certificats de génie clamés par tant de jolies
bouches extasiées : car ce fut du délire ! Après le

concerto de Schumann, qu'il fignole comme du Chopin, toute la salle, debout, a rappelé le virtuose six fois ; j'en étais bleue. Pendant l'entr'-acte, j'ai risqué, timidement, des observations, point emballée sur ces dislocations rythmiques aggravées d'ornements discutables (un rubato de fleurs), ni sur cette main gauche attaquant toujours avant la main droite, ni... Ah ! mes enfants ! Tout le monde m'a traitée de folle ; même on voulait persuader le docteur Dagron de soumettre ce que Paul Braud appelait « mon impudence extrême » aux hydrothérapies guérisseuses (sous prétexte que les extrêmes se *douchent*) ; et, sans le docteur Damain qui a répondu de ma raison, je ne sais pas comment l'affaire aurait tourné. Bon docteur ! « Hier comme aujourd'hui, ce soir, ton cher Damain, tu l'adores ! » murmurait à mon oreille Augusta Holmès, aiguisée d'ironies...

Donc, guérie de mes velléités d'indépendance, je rentre dans la salle, pour entonner avec tout le monde le los du virtuose « Quel homme, quel pianiste ! Il n'y a que lui ! » (Dans mon faible intérieur, je lui préfère Pugno, Risler et quelques autres, mais je n'ose plus l'avouer.) Pour me calmer, je regarde les gens chic ; ils foisonnent : princesses Bibesco et Brancovan, comtesses Odon de Montesquiou, de Gabriac, de Chaumont-Quitry, d'Avaray ; Mesdames de Brantes, de Lizery, etc. etc. Puis j'écoute le dieu du jour perler son concerto, son insupportable concerto de Chopin (*fa mineur*) dont l'orchestre fut retapé par Elsner, tripatouillé par Tausig, ressemelé par Klindworth, et en dernier lieu épousseté par Richard Burmeister ; ça n'est pas encore fameux. Gaston Lemaire devait s'y atteler.

Evidemment, le talentueux Paderewski a des trouvailles de sonorité et, quand il ne choit pas dans l'afféterie, de véritable grâce ; évidemment, son mécanisme est indiscutable ; seulement, à quoi bon, arpéger tous les accords ? Il pourrait en vendre, des arpèges, dans une charrette à bras, criant par la rue : *Des bottes d'arpèges !* Mais je ne lui en achèterais pas. Il ralentit le *Larghetto* en *Adagio*, si bien que quelques instrumentistes somnolent et pataugent (voilà des « bois » qu'en dépit de son âme délicatement forestière renierait le silvestre André Theuriet lui-même). Malgré mes réserves, je dois constater le succès colossal, délirant. « Ça me rappelle la première des *Deux Gosses* », dit Pierre Decourcelle. Mesdames Dubois (la dernière élève de Chopin) et Roger-Miclos, MM. Stojowski, Lazare Lévy hochent la tête et rêvent.

Que dire encore ? que Paderewski, courbé sous la tempête des enthousiasmes, concéda en supplément la Grande Polonaise en octaves, prestigieusement, mais dans un mouvement frénétique (je vais blasphémer) qui me paraît un contre-

sens, ou du moins une lourde erreur de compréhension, un coq-à-l'âme !

J'ai pris un très vif plaisir au *Poème roumain*
d'Enesco, très adroit et très musical ; la gentille
dell'Erba, violon-solo, y joua faux, comme un
homme.

10 avril 1899.

THÉATRE DE LA RENAISSANCE. — *Obéron*, opéra fantastique
en quatre actes et neuf tableaux. Adaptation lyrique
de M. L.-V. Durdilly, poème de M. Michel Carré ; musique de Weber.

Les directeurs de la Renaissance, pour assurer
à leur entreprise les sympathies des weberiens
(en attendant les jeunes de qui les œuvres moi-
sissent), remontent *Obéron*, qui n'avait pas été
représenté à Paris depuis 1876. Alors, comme
aujourd'hui, M. Danbé dirigeait l'orchestre.
Comment Weber, malade, condamné déjà, et
soucieux de laisser à ses hoirs quelques subsides,
partit pour Londres, mandé par le directeur de
Covent-Garden et y composa sur un livret anglais la musique d'*Obéron*, il est inutile de le
rappeler, en un rapide compte-rendu ; mieux
vaut renvoyer le lecteur aux lettres de Weber
lui-même, publiées par mon érudit confrère

Henri de Curzon dans ses *Musiciens du temps passé*.

Le sujet de cet opéra fantastique est nigaud. Vraisemblablement, en ces âges lointains, les prisonniers ignoraient l'art des chaussons de lisière et occupaient leurs loisirs à confectionner des livrets d'opéra vendus à vil prix aux fournisseurs ordinaires des compositeurs en vogue : ainsi s'expliquerait la prodigieuse ineptie, constatée naguère, de *Fidelio*, et l'incomparable absurdité, subie hier soir, d'*Obéron* auprès de laquelle la *Poudre de Perlinpinpin*, elle-même, apparaît chef-d'œuvre. Jugez plutôt :

Obéron a quitté son épouse bien-aimée Titania — à la suite d'une discussion sur la constance amoureuse des deux sexes — en jurant de ne la revoir que le jour où un homme, par sa fidélité à la femme qu'il aime, aura démontré, nonobstant les pires épreuves, l'erreur de Titania et la **supériorité** du roi des Sylphes comme connaisseur préBourgettite du cœur humain. Puck, génie familier d'Obéron, découvre le merle blanc, à la cour de l'empereur Charlemagne, en la personne d'Huon de Bordeaux, seigneur d'Aquitaine, preux chevalier et fort ténor qui, apprenant que le khalife de Bagdad prétend imposer à sa fille Rézia un époux odieux, n'hésite pas à se mettre en route, accompagné du fidèle écuyer Chérasmin, pour empêcher ce mariage. Bon marcheur, il arriverait sans doute à point pour assister au baptême du trois ou quatrième enfant issu de cette union déplorable, si Obéron ne le transportait à Bagdad, en une minute, au moyen d'un changement à vue. Huon enlève Rézia (auparavant chacun de ces deux jeunes gens avait vu l'autre en songe, pourquoi ils se reconnaissent de prime abord) et... ; non, je n'ai pas le courage de vous conter toutes leurs aventures, le naufrage dans une île déserte, les pirates, Huon blessé, Rézia au harem du bey de Tunis. Sachez seulement que tout finit bien, grâce à un cor enchanté — c'est le principal rôle de la pièce, et j'allais l'oublier — donné par Obéron au seigneur d'Aquitaine. Ce brave garçon reçoit les félicitations du roi des Sylphes qui se déclare enchanté d'avoir gagné son pari (*sic*) et donc retrouvé l'exquise Titania.

Sans approcher des merveilles auxquelles l'Opéra, l'Opéra-Comique, quelques autres théâtres aussi, non subventionnés, ont accoutumé nos yeux, les décors et les costumes dont se parent cette féerie et ses acteurs contenteront ceux qui, comme moi, ne sont pas très exigeants. J'estime qu'on ne peut, sans injustice, demander davantage, vu les difficultés de l'entreprise et, entre toutes, le prix modique des places, aux directeurs d'un théâtre lyrique populaire. J'aime mieux qu'ils se préoccupent tout d'abord de recruter un bon orchestre ; sur ce point, MM. Milliaud s'en sont reposés sur M. Danbé et l'accueil fait par le public à ce musicien éprouvé leur donne pleinement raison. De quel cœur fut applaudie l'ouverture célèbre où se trouve la phrase citée au chapitre *Clarinette* par tous les traités d'instrumentation ! « Ce morceau, assure Wagner, a exercé la plus puissante influence sur l'orientation des compositeurs modernes. » Peut-être. En tout cas, cette appréciation a, elle, exercé la plus puissante influence sur le jugement des wagnériens qui, constatant leur maître féru de Weber, s'affirment tous weberolâtres forcenés, à sa suite

Dieu me garde de les en blâmer ! la personnalité de la mélodie d'*Obéron*, la saveur des enchaînements harmoniques, la souplesse avec laquelle le musicien échappe au despotisme suranné de la « carrure », toutes qualités admirablement mises en lumière par Berlioz, sont trop précieuses pour qu'on les puisse méconnaître. Tout au plus constaterai-je que les pages où Wagner se rapproche de Weber (l'Hymne à Vénus et la Marche de *Tannhæuser*, le final guerrier de *Lohengrin*, etc.) ne sont point celles que je préfère. Quant à l'écriture vocale d'*Obéron*, elle pèche par des successions d'une difficulté presque insurmontable ; au premier acte, le malheureux Huon doit exécuter avec son gosier de véritables traits de piano qui demanderaient quatre doigts et le pouce, au moins.

Madame Martini a réussi sa grande scène de

l'île déserte, madame Georges Marty sa barca-
rolle, et madame Lebey son ariette. Dans un
rôle bouffe, M. Chalmin a beaucoup amusé, et
M. Harvill plus encore, dans un rôle sérieux.

L'orchestre — j'y insiste avec plaisir — s'est
montré presque parfait, et M. Danbé a droit à la
louange de tous ceux qui aiment la musique
étudiée de près (combien sont-ils, hélas !). Il y
a une quarantaine d'années, Berlioz disait
d'*Obéron* : « C'est un succès de bonne compagnie qui attirera même la mauvaise. » For-
mons le même vœu.

11 avril 1899.

Les statistiques prétendent qu'il existe à Paris
quatre-vingt mille mélomanes convaincus. Possible. Mais alors ils ne se réunissent pas souvent
dans les salles où l'on fait de la musique ; les
concerts se suivent et ne les rassemblent pas.

Des séances imminent : Mademoiselle Kleeberg
nous promet, entre autres productions beetho-
viennes, l'exécution intégrale des trente-deux
variations... Je dis trente-deux ! L'auteur de
Fidelio eut ce bizarre caprice d'écrire un jour
autant de variations qu'il possédait de dents. Si
le bon Dieu eût concédé au génial compositeur

une mâchoire de requin, quel travail pour la consciencieuse Kleeberg ! — Parmi les séances intéressantes, signalons encore celles de mademoiselle Mary Ador, de qui l'on connaît l'art précis et charmant ; d'Adolphe Deslandes, à la barbe fluviale ; du jeune violoniste Ten-Have, frère de l'aimable pianiste que vous savez ; de mademoiselle Berlin qui, paraît-il, interprète au mieux l'*Appassionata* (joli nom de femme !) ; du talentueux Ricardo Vinès ; enfin, des « Petits vents » qui souffleront mercredi prochain, salle Pleyel. (Au programme : du Saint-Saëns ; *un sextuor* pour flûte, hautbois, clarinette, cor, basson et piano d'Eugène Lacroix, organiste de Saint-Merri dont on vante le sain mérite ; un *Quintette* du jeune Capelet, — fort bon musicien m'assure son professeur Xavier Leroux ; — il est né en 1879, cet enfant-là : veinard ! Moi, quand j'avais vingt ans, je m'occupais surtout de musique à quatre lèvres... mais évitons les souvenances amoureuses pour ne songer qu'au futur.

Jeudi dernier, public élégant au Nouveau-Théâtre pour applaudir *Amours brèves,* une primeur de Raoul Pugno que nous offrait galamment Colonne ; c'est des vers (mais si, je vous assure, madame, cette forme est licite), c'est des vers, un peu désabusés en leur scepticisme endolori, de Maurice Vaucaire ; à leur tendresse mélancolique et, comment dire ?... (avez-vous lu

l'*Intermezzo ?*)... Heine-amourée, l'ami Pugno
sut trouver la musique précisément adéquate,
qui devait plaire et qui a plu ; le deuxième poème
de ce petit *Liedercyclus* m'a empoignée vraiment, pantelant d'harmonies, désolées. — « Je
ne pourrai plus parler d'amour à personne. » —
Bah ! on peut toujours en parler, mon cher
Raoul... Au même concert, j'entendis encore,
accompagnant Jacques Thibaud l'irrésistible,
une excellente pianiste : la réputation de madame Monteux-Barrière, déjà grosse, s'arrondit
tous les jours.

(A propos de Thibaud, j'ai le plaisir de vous
informer qu'adjuvé de son frère Joseph il va
nous gratifier de trois séances de sonates pour
piano et violon ; la première se donnera mardi
prochain, ô admiratrices innombrables ! dans les
salons Pleyel ; nul doute que l'on ne voie ce jour-
là toutes les dames aux salons.)

Au Châtelet, rien que des musiciens français.
D'abord ceux de l'Institut : Théodore Dubois
avec l'ouverture de *Frithiof* très bien accueillie
et Saint-Saëns de qui Pugno galope les finales
de concerto avec une rapidité frénétique ; puis
les élèves de César Franck (d'Indy, Chausson,
Duparc) ; enfin, le beau sexe : Augusta Holmès
et Massenet.

Succès pour la suite de *Médée*, dédiée par
Vincent d'Indy, si j'en crois le programme de
Charles Malherbe, « à M. Henry Gauthier-Villars

qui a tracé de l'ouvrage un lumineux commentaire ». Lumineux ou non, je lui préfère la glose de Bréville, dans le *Mercure de France* expliquant « l'Ouverture où le double caractère de Médée sauvage et charmeresse est peint par deux phrases typiques, la première rauque et âprement dissonnante, l'autre d'une enlaçante douceur » ; Bréville trouve « certaine mélodie mouvementée de l'Incantation, malheureuse », ce qui prouve qu'il n'y a pas de gloses sans épines.

Compréhensivement interprétée par Engel, la *Caravane* d'Ernest Chausson m'a ravie : la voix plane, déchirante, disant les angoisses de la route tandis que sur un rythme persistant de marche lente la caravane « s'en va, traînant le pied, brûlée aux feux du jour », à travers les âpres modulations chromatiques, et les dissonances d'angoisse, et les accords altérés (quelle soif ! elle s'avance sûrement, musicalement, elle sait où elle va, sans l'indécision arbitraire des caravanes hypodebussystes qui se perdent dans les sables, elle va « vers le bois de cyprès semé de blanches pierres » pour que les marcheurs puissent enfin, sur de larges accords, se coucher et dormir, voyageurs haletants ; c'est très beau !

L'*Élégie* de Fauré est « dans le style élégiaque », a décrété calinotesquement Hugues Imbert, écrivain accoutumé à mettre ses pieds dans le « plat » : c'est une œuvre de grâce mélan-

colique exquisement prenante, expressivement violoncellisée par Baretti. — *Phidylé* de Duparc n'a pas vieilli, et garde son charme puissant (quelles ingénieuses trouvailles harmoniques !).
— Cantié flûte joliment le joli début de *Conte d'Avril*, (comment Widor a-t-il trouvé ça ?) Deux personnes, deux, crient *bis* après le Prélude de *Messidor*; on répond : « Zut! » à ces deux zolistes, à ces deux solistes.

Salle comble : princesse de Polignac, comtesse (?) Suzanne de Lizery ; une flopée de pianistes (Braud, Lazare-Lévy, Mme Chéné, etc.) férus de la façon dont Pugno .pleyèle, les violonistes Parent, Boucherit et, je crois, l'excellent Herwegh, ou du moins un officier en civil qui lui ressemble violemment ; un magistrat qui, pour avoir regardé les jolies accusées avec trop de cocu-piscence. a dû divorcer (la communauté réduite au Naquet) ; une beauté du Tarn (la Vénus de Millau) ; et un homme d'affaires dévergondé... un sadique de faillites.

17 avril 1899.

Au Conservatoire, où j'aperçois Louis de Serres, maître Chéramy, mais peu d'abonnés (car Bach les épouvante), la Grande Messe en *si mineur* est jouée avec une correction froide : les professeurs de l'endroit interprètent cette musique sans souplesse rythmique, sans nuances, comme une langue morte. Pourtant, une langue vivante vaut bien mieux !

THÉÂTRE DE L'OPÉRA-COMIQUE. — Le *Cygne*, ballet en un acte, de M. Catulle Mendès, musique de M. Charles Lecocq.

C'est un ballet de Catulle Mendès. Oyez plutôt :

Au bord de l'Eurotas, dans un bois de lauriers-roses, Pierrot, sa blanche souquenille cachée sous un manteau de berger, rêve. Pierrot est amoureux : il adore éperdument une belle princesse qui vient se baigner au fleuve et qu'un jour, caché, il vit nue en la gloire de ses longs cheveux d'or ; et, sans autre richesse que son manteau de laine et son bâton de berger, Pierrot désespère d'obtenir même un regard de la princesse, et pleure. Il ne sert de rien qu'un petit faune, en sa moquerie compatissante, évoque d'un air de chalumeau toutes les nymphes du bois, jaillies soudain des lauriers-roses, des citronnelles et des bruyères ; seule, peut-être si charmante, si joliment dansante, la dryade des chênes lui ravirait un sourire... Mais voici qu'une musique fière, au loin, annonce la venue de la reine Léda. Pierrot chasse les nymphes, le faune et guette le cortège.

Léda paraît, moins désireuse du bain que du beau cygne blanc qui, souvent, dans le fleuve, vient dormir à ses côtés. Dévêtue, le corps à demi dans l'eau, elle l'aperçoit, le cygne aimé, glissant vers elle. Il approche ; les suivantes de Léda se cachent les yeux derrière leurs mains pudiques et Pierrot, qui n'a pas aperçu l'oiseau, inquiet d'entendre des bruits de baisers, monte sur un tertre ; il constate, et voyeur furieux, se précipite sur son rival ailé, parmi la fuite épouvantée des baigneuses. L'oiseau, du sang au cou, tombe et, puisqu'il se meurt, chante. Alors Pierrot tombe à genoux et pleure.

Le faune rieur, qui a tout observé, console Pierrot : « N'est-il pas, sous son manteau de berger, blanc comme le cygne ? n'a-t-il pas des manches semblables à des ailes ? » A la faveur d'un peu de nuit complice, accordé par Aphrodite, l'obligeant chèvre-pied se charge de faire le bonheur de l'amoureux et celui de Léda.

Le jour assombri déjà, les femmes éplorées se groupent sur le rivage ; on fait glisser sur l'eau la civière où repose le cygne mort, que le courant emporte. Soudain, dans l'obscurité envahissante, une blancheur, au loin, perce, qui s'approche. Nuit complète. — « Or, Pierrot, fils subtil que j'aime, met à profit le stratagème » du faune et, la clarté revenue, nous le voyons,

comme tout à l'heure le cygne, étendu auprès
de Léda qui le caresse. Nymphes et baigneuses
se mêlent en le ballet final, cependant qu'au ciel
neigeux apparaissent, énormes, des œufs d'où
s'échappent, Dioscures palmipèdes, de petits
cygnes blancs qui ont des têtes de Pierrot.

Le rôle de Pierrot est mimé par Mlle Peppa
Invernizzi, de qui l'on n'a pas oublié les émou-
vantes créations du *Collier de Saphir* et du
Docteur Blanc, deux autres pièces dues à
M. Catulle Mendès ; dans ces œuvres, le talent
adroit et souple de M. Gabriel Pierné fournissait
à la transfuge de l'Opéra des rythmes précis,
dynamiques, sur lesquels elle pouvait régler
minutieusement son jeu. M. Lecocq a changé
tout cela. Au lieu d'élaborer, comme son jeune
prédécesseur, une pantomime « à la note », il a
préféré suivre le conseil de Champfleury, pré-
conisant l'emploi d'une musique sans arêtes,
« discrète » et, pour tout dire, guidant fort peu
les mimes. L'interprète n'en eut que plus de mérite à triompher : puissamment tragique avec de
viriles énergies dans la scène de la mort du
Cygne, elle a su empreindre d'une jolie tendresse
mélancolique l'attente au bord du fleuve où va
venir l'Aimée, et son récit mimé du déshabillage
de Léda, gracieux à souhait, reste délicatement
chaste, ce qui n'était point aisé.

Dans le rôle du petit Faune, Mademoiselle
Chasles — qui fut de l'Opéra, elle aussi, — court

et virevolte avec des grâces d'éphèbe et semble
descendue de cette fresque d'Herculanum où des
Satyres, au jour des Ascolies, je pense, célè-
brent Iacchos en bondissant sur des outres gon-
flées. La délicieuse Madame De Hally (Léda) a
a beaucoup plu. J'en dirai autant des ensembles
réglés par Madame Mariquita, du lumineux décor de M. Amable, des vocalises de Mademoiselle Davies (la voix du Cygne), et de la façon
dont M. Luigini conduit son orchestre.

21 avril 1899.

Hier, sollicitée par ce printemps inviteur, j'ai
failli lâcher le concert pour m'ébattre sous le
soleil dominical ; des bouffées de chaleur tiédis-
saient mon visage, rose comme mon bonnet ; je
fredonnais l'ariette vernale :

> Mignonne, voici l'avril !
> Le soleil revient d'exil ;
> Tous mes sens sont en querelle !
> Mon cœur songe à voltiger ;
> Quant à ma fleur d'oranger,
> Vrai, je m'en bats la prunelle !

Bref, mon innocence commençait à me peser.
Et cependant je me suis enfermée au Châtelet
toute l'après-midi ! Plus tard, mes enfants, si

l'on vous demande : « Avez-vous jamais rencontré une femme attachée à ses devoirs ? » Vous pourrez répondre : « J'ai vu l'Ouvreuse! »

Je n'étais pas seule, d'ailleurs, chez Colonne l'hospitalier; beaucoup d'autres gens de bien y brillaient, comme moi aguichés par les noms exotiques dont se panachait le programme : le prix de Rome André Bloch, la comtesse Rostopchine, Bourgeois ; l'éditeur Baudoux qui vient de publier une subtile mélodie de Bréville : *La Tour, prends garde!* le pastelliste Émilio della Sudda, le pianiste Paul Braud, le bordelais Samazeuilh, le sculpteur Fix-Masseau, le dilettante Pierre de Bouchaud, le librettiste Milliet, plusieurs individus caricaturés sous des pseudonymes dans le *Serpent de mer* de Gheusi, de grosses juives flasques et jaunes qui semblent échappées des *Heures d'Afrique* de Jean Lorrain et quelques financiers obtus, de ceux que l'on appelle, au bal des Quat'z'Arts, « les oies du capital ».

Menu international exagérément copieux : un Italien coco à côté de Schumann, — comme au jeu d'échecs, où les fous voisinent avec les rois, — Sgambati, Rubinstein, Heïse, Grieg, Smetana, Verdi, Brahms, Mancinelli, etc., etc. Presque autant de noms que l'ami Paul Sain (zèbre ultrasympathique) a rapporté de toiles d'Afrique.

De l'ouverture de *Manfred*, rien à dire, sinon que je lui souhaiterais (de la part de l'orchestre et non du capellmeister) un peu plus de romantisme. — La *Sérénade* de Sgambatti est proprettement anodine et anodinement proprette. — L'*Orgie*, de Mancinelli (une orgie de petites flûtes) a paru manquer de déchaînement ; c'est de la débauche plutôt tranquille où l'on sable les potions calmantes : « Orgie, limonade, bière ! » Une Russe, mademoiselle Vera Eighena, nous a chanté, avec talent, du Rubinstein impersonnel et tout à fait bassin (« Rubinstein n'est pas un compositeur russe, c'est un Russe qui est compositeur », disait un jeune peintre qui, trop occupé à aiguiser des mots n'a plus le temps de travailler, et n'est jamais reçu qu'au « Salon des Refusés, » — ce jugement des reniés, comme l'intitule Jacques Blanche). — Smetana (cher à Wyzewa) m'a fort amusée, au début de sa *Fiancée vendue*, — bravo, les trompettes ! — mais la fin de l'Ouverture s'alourdit en tapage de buveurs de bière, *desinit in Pilsen*.

Abrégeons : finement joué, l'Entracte de la *Traviata* (Mon Dieu ! il vaut bien d'autres « Sommeils » réputés aurait été plus chaudement applaudi si les auditeurs n'avaient craint de ne pas paraître assez avancés en goûtant Verdi. — Madame Ida Ekman, Finlandaise de grand talent, a chanté des mélodies de Heise, dont l'originalité n'a rien de fracassant (au fond, ce que nos musiciens français, parfaitement inconnus à l'étranger, valent mieux que ces pompiers-là !). — Notre Raoul Pugno a prestigieusement enlevé la *Fantaisie* de Schubert-Liszt, mais miss Leonora Jackson m'a bien rasée ! C'est une violoniste. Mademoiselle dell' Erba lui a jeté un farouche regard de concurrente, et Jacques Thibaud, — celui que les femmes, assurent Brancour, écoutent en faisant des yeux blancs, des « yeux à la neige », — Jacques Thibaud a grogné : « Si toutes les femmes se mettent à jouer du violon, il ne restera plus aux hommes qu'à accoucher ! » Elle exécute avec beaucoup d'acquis, mais sans charme (Debroin et Enesco n'avait pas l'air autrement emballés), un poussiéreux Concerto de Brahms avec cadence de Joachim ; seul un Concerto de Joachim avec cadence de Brahms pourrait être plus crevant.

Pour finir, *l'invitation à la valse*, version Weingartner, interprétée avec des câlineries discutables, qui en font de la musique de pince-cœur.

Au Conservatoire, succès, dans la *Messe* de Bach, pour mesdames Lovano et Landi. Très bons, les chœurs ; compliments à Samuel Rousseau.

24 avril 1899.

Opéra-Comique. — *Le barbier de Séville.*

Encore une reprise du *Barbier*, celle-ci à l'Opéra-Comique. Quelque huissier expédié par MM. Milliaud viendra-t-il instrumenter rue Favart à dessein de constater si la troupe de M. Carré ne se risque pas à mélanger, au texte de Castil-Blaze, quelques *disjecti membra Durdilly ?* L'avenir nous le dira.

Longtemps, en France, l'Italien Rossini fut dieu, — et même dieu unique. Puis la réaction fatale ne tarda pas à s'opérer et ses adorateurs exclusifs sont aujourd'hui de moins en moins nombreux. Pourtant, c'est une lourde injustice que de méconnaître, comme on a voulu le faire, les qualités de vie trépidante et de musicalité alerte qui éclatent chez Rossini. Interprétée brillamment par madame Bréjean-Gravière, à qui l'on a redemandé d'acclamation un supplément de vocalises au troisième acte, par M. Fugère, Bartolo savoureusement ganache, par M. Clément, jeune seigneur de voix charmante, par M. Bouvet, un Figaro très sûr, par M. Isnardon qui, méconnaissable en Basile, fut, cauteleux et noir et très finement farce, la joie de la soirée, cette reprise a plu, infiniment. Mais où est le temps où Théophile Gautier porte-parole de toute une génération) écrivait extasié : « C'est un flot intarissable, un trésor sans fond, une prodigalité effrénée plongeant ses bras jusqu'aux coudes dans des monceaux de pierreries et jetant au hasard des poignées de diamants et d'escarboucles ! » Parmi ces joailleries vantées, nous démêlons aujourd'hui quelque strass, plus d'un air en simili. Mieux informée, notre admiration est, à coup sûr, moins vive. Est-ce un bien ?...

29 avril 1899.

Énumérons ! Énumérons ! Concert, jeudi, où Salmon le violoncelliste et son ami le pianiste Bauer ont charmé le public à tour d'Harold. Concert, vendredi, donné par M. Jean Huré, qu'aidaient la charmante Hatto de qui je suis férue, hat tort ou à raison, et mademoiselle Josset interprétant les œuvres du célèbre révolutionnaire de l'enseignement musical (au programme, des vers délicats d'Emile Boissier). Concert, le même jour, dans les salyons Pleyel où se pressaient, Quantié, pardon, quantité d'auditeurs désireux d'applaudir, dans le quatuor de Schumann, la bénéficiaire, ainsi que le violoncelliste Loys aux sons si chatoyants qu'on l'a surnommé Loys Fuller. Et, le même jour, concert Toutain qui réunissait tout un peuple d'admirateurs, Roméos de cette Juliette. Dans la journée de ce même vendredi, — si je meurs à la peine, musiciens,

que mon sang retombe sur vos têtes ! — dans la
journée, donc, la « Société des Concerts de Chant
classique » m'avait conviée à ouïr l'exécution
d'un programme qui, sous la direction de Danbé,
n'avait rien d'anbêtant : Gluck, Bach, Moreau
(Jean-Baptiste) aïeul de Moreau (Léon) et compositeur d'un *Esther* dont un mélomane dreyfusard n'a voulu écouter le beau chœur : « Ah ! le
peuple est heureux ! » que debout, alléguant qu'il
ne pouvait supporter Ester...assis (je vous demande bien pardon, celui-là est dégoûtant, mais
je reviens du vernissage ahurie par les peintures
septentrionales, « les toiles du Nord » disait ce
youpin roublard — pléonasme ! — de Meyerbeer,
et par la vue des « vieux tableaux » en train de
regarder ceux de cette année.)

Samedi, aux Matinées-Sarah, succès triomphant, délirant, pour trois petits poèmes de
Catulle Mendès, musiqués par Xavier Leroux
et interprétés par la belle Héglon avec une puissance si communicative que le Théâtre des Na-
tions s'est presque effondré sous le fracas des
applaudissements (je ne blague pas ; la preuve,
c'est que j'ai reçu un plâtras dans l'œil) ; six
rappels, six ! Et je ne compte pas celui que le
souffleur lisait dans sa boîte !

Concert Thibaud, concert Pirodon, concert
des Ten Have pour le 5 mai, concert Parent le
même jour (*Poème* de M. de Wailly, deuxième
quatuor de Vincent d'Indy, sonate de Fauré),

concert de louanges, hier, galerie des Machines, idoine à réjouir les oreilles de Ferdinand Humbert, auteur d'un triptyque religieux admirable d'émotion, et celles de Jacques Blanche, portraitiste de Chéret, de l'Ouvreuse, de... etc., etc.

Ah ! concert maudits, que sut dénombrer Cottinet en strophes vengeresses : « Le menu musical déroute des plats savamment variés, que les musiciens (triés sur le volet) passent en foule : du solide et puis du léger, de Beethoven à Monsieur Faure, car, béat, l'invité dévore tout : rosbif et fleur d'oranger. Des *godardises* l'émoustillent et lui font digérer Schubert. Et partout le feuillage est vert, l'oiseau chante, les flots sautillent... *Rêve du soir, Simples Aveux* se pâment sur la chanterelle ; ah ! viens ! les nids sont en querelle... passe ta main dans mes cheveux ! »

Allons, bon ! Je voulais vous parler encore du concert de la Nationale donné samedi, et l'on me prévient que la place manque ; tant pis pour le quatuor Mossel, d'Amsterdam, dont j'aurais voulu vous entretenir en détail ; son exécution du quator en *mi majeur* de d'Indy m'a paru bellement compréhensive (encore que j'eusse souhaité plus d'en-dehors au premier violon qui doit, parfois, planer plus haut, chanter plus librement...) Un débutant, le Bordelais Samazeuilh, a fait applaudir deux mélodies dont la première surtout, exquisement chantée par mademoiselle Thérèse

Roger, m'a ravie, l'*Ame des Iris* (poème subtil
de Camille Mauclair), délicatement distinguée et
qui côtoie d'assez près la manière du Chausson
de jadis avec celle du Bréville d'aujourd'hui. De
Madame Strohl, la *Cloche fêlée*, composée sur
les vers poignants de Baudelaire, dénote un superbe tempérament ; mademoiselle Adèle Remy
a montré là une voix solide, du courage et aussi
du trac. Quatre pièces pour clavecin de Rameau,
Dandrieu, Couperin et Dacquin ont valu un colossal succès à M. le marquis d'Iémer qui les
exécutera prochainement en costume Louis XV,
l'épée au côté.

Avouerai-je que les fragments d'une Sonate
joviale, antithétiquement nommée le *Tombeau*,
m'ont quelque peu rasée? Pourquoi exhumer ces
antiques niaiseries? Ce qui est vieux n'est pas
forcément agréable. Ainsi, tenez, la marquise
de Saint-... Mais ceci nous entraînerait trop
loin.

1er mai 1899.

J'ai déploré de ne pouvoir entendre, mardi, le
concert de mademoiselle Zielinska, mais quoi !
si je voulais courir salle Pleyel toutes les fois
que Gustave Lyon me promet une séance inté-

ressante, il ne me resterait plus une minute pour m'occuper de mes affaires de cœur ; et, dame ! avant la Musique, je fais passer Eros (j'adore l'Erosserie), petit dieu inspirateur de tant de vers que Carmen peut chanter, sûre de l'applaudissement général, par la bouche savoureuse de madame de Nuovina : « L'Amour est en fond de poèmes ! »

Le même jour, M. Diémer nous faisait apprécier, avec Sarasate, van Waeffelghem et Delsarte (excusez du peu !), la probité de Brahms et la poésie de Schubert ; séance exquise où chantait la comtesse de Maupeou, bonne dans le Fauré, meilleure dans le Diémer, où la marquise de Saint-P... opérait son coutumier racolage économique d'artiste : « Venez donc vous faire entendre chez moi, je vous offrirai un petit éventail » ; où les sandwichs et la cordialité simple du maître de maison, point enorgueilli par son voyage triomphal en Italie, charmaient les estomacs et les cœurs. — Le lendemain, au Trocadéro, l'excellent Guilmant jouait beaucoup de Franck, et fort bien : le deuxième Choral en *si mineur* avec, dans le milieu, un gracieux souvenir de *Psyché*, le chœur *Dextera Domini* étoilé d' « alleluias » scintillants, puis certain *Finale* dédié à Lefébure-Wely et qui, sans doute influencé par cet hommage, renfermait, à côté de belles pages (joli thème en *fa dièze* revenant en *si bémol*), des accents de triomphe paterne d'une magnificence un peu coco. Jeudi, les Geleso faisaient florès dans le quatuor de Fauré avec le sonore Monteux et le grave Schnéklud de qui je désespère d'imiter le calme (du reste, à l'impassible nul n'est tenu) ; on me dit que mademoiselle Delna interpréta avec succès les poèmes de Rollinat musiqués par le pianiste César, élève de Sophie Menter qu'il cite à tout bout de chant ; dans le monde artistique, rien d'aussi célèbre que les « Comme Menter » de César.

Le deuxième concert des Ten-Have a non moins réussi que le premier, bien que l'un de nos meilleurs violoncellistes ait, me dit-on, refusé d'y exécuter la *Truite* de Schubert, sous prétexte qu'elle deviendrait une truite *Salmonée*... un pareil calembour éTen Haverant ! — Samedi, chez le barine Colonne, grand tralala russe (ça m'a rappelé les beaux jours de *Michel Strogoff*) au profit des sujets déchards de Nicolas II qui végètent dans la purée à Paris ; on ne m'avait pas invitée, mais j'y suis allée tout de même (un louis de plus ou de moins, l'Ouvreuse slave les mains de la dépense) et je n'ai pas trouvé la fête beaucoup plus réjouissante qu'une lettre de M. Trarieux (qui n'est pas protestant) ; pourquoi ne pas l'avoir égayée avec le défilé du bal des qua'tzars ?

Arrivée au Châtelet trop tard pour applaudir le pianiste Auguste de Radwan, frère du peintre

Wenceslas, j'ai pu du moins savourer les
« Danses anciennes » où se distinguèrent —
afféteries charmeuses des menuets abolis — une
dizaine de ballerines de l'Opéra... M. Brandoukoff, violoncellisa *Kol Nidrei*, youpinerie
connue de Max Bruch. Et, pendant le prélude
de *Parsifal*, l'orchestre de Colonne, qui voit les
meilleures choses et les approuve, « détériora
ses cors ». (Je risque cette remarque pour Jules
Lemaître, André Beaunier et quelque latinistes
dont la nature n'a pas horreur d'Ovide).

Six heures ! Munie d'un programme délicatement illustré par La Gandara et pour lequel je
sacrifie ma dernière pièce de cents sols — *ultima
thune !* — je laisse mesdames Rose Caron,
Pasca, Chosekoff et Machinski applaudir Delmas, je traverse la place du Châtelet dans le
sillage de l'éclatante Rachel Boyer et j'entre au
théâtre Sarah-Bernhardt juste à temps pour
entendre trois nouveaux lieds des « Chemins de
France », trois nouveaux joyaux de Catulle
Mendès qui valent à Xavier Leroux et à madame
Héglon, l'un accompagnant l'autre, trois nouveaux rappels.

Dimanche, madame Fulcran présentait quelques élèves, quarante-cinq, 45 seulement ; il est
vrai que parmi ces élèves plusieurs exécutaient
trois ou quatre morceaux. — Ce soir, sonates
pour piano et violon par le brun Chansarel et le
violoniste au nom cynégétique : Hayot ! Hayot !

— A la même heure, concert de mademoiselle Adeline Bailet, qui pleyélera, je pense, quelques Airs de Bailet. — Demain, exhibition du compositeur mondain Fontenailles par Berny, à qui une récompense est bien due ; j'espère vivre assez pour la croix de Berny ! — Mercredi et jeudi, M. l'abbé Landrieux, vicaire général de S. E. le cardinal Langénieux, m'a fortement engagée à venir entendre, dans la cathédrale de Reims, le *Baptême de Clovis*, poème de Léon XIII, musique de Sa Sainteté Théodore Dubois ; j'irai donc. — Après l'archevêque, l'herwegh, qui m'a fait promettre de l'écouter, vendredi, au concert Blumner. Quelle semaine ! De peur de blanchir, mes cheveux ont fui !

Intéressante après-midi, jeudi dernier, au Conservatoire ; j'y ai compté sept personnes de mon sexe en train de manier l'archet (mieux vaut être femme violon que femme violée, murmurait Enesco, caché dans l'orchestre ; mesdemoiselles Hatto et Rioton ont chanté le beau motet de Rameau tout aussi bien qu'il l'avait été à la Société des Concerts, mais avec des voix plus fraîches : le blondulant pianiste Lazare Lévy et le microscopique hautboïste Fernand Gillet ont eu grand succès, ainsi que les chœurs dirigés par Marty, duc de Ferrare. M. Lhotte en a eu beaucoup moins en voulant m'empêcher de pénétrer dans la salle ; je le rattraperai, ce birbe quinteux, un jour ou Lhotte.

En dépit d'un ténor éclatant, M. Roussoulière, des fragments de *Polyeucte* ont paru fanochés, irrémédiablement.

Parmi les bouquins récents, la *Musique en Espagne* de l'érudit Soubies, et le *Recueil des Souvenirs* dont Pierre de Bouchaud dédie un chapitre « Humiliter » à mes amis, les frères Margueritte, pour apprendre à ceux qui l'ignorent qu'ils sont fils d'hu...militer.

8 mai 1899.

ACADÉMIE NATIONALE DE MUSIQUE. — *Briséis*, (1er acte), d'Éphraïm Mikhaël et Catulle Mendès, musique d'Emmanuel Chabrier.

Souvent, pour avoir négligé ce principe essentiel qu'il ne faut pas chanter plus haut que sa voix, des librettistes voulurent faire œuvre de poètes, échouèrent ; il est plus étrange que les excursions de poètes authentiques dans le domaine des librettistes aient fourni des poèmes d'opéra à peine meilleurs que ceux des ordinaires paroliers. Seul ou presque seul, M. Catulle Mendès, dans *Gwendoline*, puis, avec Ephraïm Mikhaël pour collaborateur, dans *Briséis*, confirme d'une glorieuse exception cette règle affligeante ; et ceux-là seuls qui connaissent, l'ayant eux-mêmes tentée, la lourde tâche d'écrire pour la musique sans consentir aux prosaïsmes par trop massifs, aux vers exagérément boiteux, aux chevilles insolentes, ceux-là sentiront tout le prix de l'œuvre réalisée par ce rare artiste. On trouverait difficilement dans les livrets antérieurs — ou plus récents — des strophes comparables à celles que chante (soutenues par tant d'accords de neuvième !) Hylas devant la demeure de Briséis :

> Dans le tranquille gynécée,
> Auprès des bons rouets chargés
>   De lins légers,
> Tu dors, Briséis, fiancée !
>
> Ces lauriers frissonnent encore
> D'avoir frôlé tes voiles blancs,
>   Ces lys tremblants
> T'attendent comme une autre aurore :
>
> Et les colombes endormies
> Là-bas, dans notre colombier,
>   Sous le sorbier,
> Rêvent à tes lèvres amies.

A Corinthe, sous un ciel d'automne lourd de nuages, Briséis et Hylas échangent leurs adieux et leurs serments ; lui, pauvre, s'en va sur sa galère chercher à Tyr, à Cyrène, les étoffes de pourpre, les parfums rares, les perles, les ivoires, bimbeloterie productive par où il obtiendra l'agrément des parents de Briséis, fameux pour leurs grands biens. Mais, comme la jeune fille redoute la haine des tempêtes et plus encore l'amour des demi-vierges asiatiques, Hylas jure par Kypris de l'aimer jusqu'à la mort, d'un immuable amour et, rassurée, elle répète après lui le même serment ; Hylas part sur la mer trompeuse. Tout à coup des cris, des plaintes de femmes arrachent Briséis à sa songerie amoureuse ; les serviteurs s'empressent autour de Thanastò, sa mère, en proie à d'horribles souffrances. Et la mourante tombe à genoux, invoquant, devant les siens stupéfaits, le dieu des chrétiens : elle veut vivre pour sauver des âmes, pour arracher au culte des faux dieux sa fille Briséis. « Mère, dit celle-ci pitoyable, mère, pour te soustraire à l'Hadès abhorré, je suis prête à donner ma vie. — Je m'en souviendrai », répond Thanastò, cependant qu'on l'emporte mi-évanouie.

Les servantes et Briséis, autour de la statue d'Apollon, adressent au dieu d'ardentes prières, quand voici qu'un homme, vêtu de blanc, un prêtre du dieu nouveau, se dresse devant elle, élevant dans sa main droite une croix faite de deux branches d'arbres ; doux et grave, il pénètre dans la maison. Quand il reparaît : « Ton Dieu sauvera-t-il ma mère ? dit Briséis. — Oui promet-il : Thanastò, inspirée par l'Esprit, t'a vouée au baptême ; si tu m'obéis, elle vivra. » Et Thanastò elle-même ordonne à sa fille de suivre

le catéchiste : « Tu m'as offert ta vie pour sauver
la mienne ; je te consacre au Christ : sois l'épouse
de Dieu, vierge éternellement. — J'obéirai », dit
Briséis, le cœur brisé, et elle s'éloigne avec le
prêtre.

Un tel sujet ne convenait peut-être pas parfaitement au tempérament de Chabrier, — musicien pleine de verve, de vie, de sincérité, qui
rencontra par moments une véritable intensité
poétique et, servi par une merveilleuse intuition
musicale, sut deviner beaucoup de ce qu'on doit
apprendre, — mais plus impulsif que réfléchi et
médiocrement religieux. Sans doute, il a su trouver des accents personnels, et vrais et forts, —
qu'on se rappelle la *Sulamite* et le début de
Gwendoline ; — mais trois actes de gravité,
c'était beaucoup pour lui. Celui-ci le prouve où
le côté pittoresque, coloré, mouvementé, ressort
merveilleusement, tandis que les scènes religieuses apparaissent de qualité si inférieure —
malgré le fort beau chant du catéchiste — dans
leur simplicité un peu voyante et voulue qui
s'exalte trop vite en mysticisme érotique.

Mais l'œuvre se recommande par ceci qu'elle
reste musicale d'un bout à l'autre ; la mélodie y
coule, expressive, abondante. Quant à l'orchestre, il couvre souvent la voix, trop continuellement tendu, toujours amusant, d'ailleurs, avec
ses traits de harpes jetés comme un pont par-
dessus les silences, mais encombré de timbres

exagérément variés, non sans quelque puérilité
parfois, — à quoi bon l'intervention du triangle
quand le catéchiste parle des petits enfants ravis
par la douceur de Jésus ? — il abonde en ingéniosités qui peuvent charmer quelques auditeurs,
mais qui ne laissent pas d'émietter fâcheusement
l'attention.

Malgré les réserves que je viens d'indiquer,
cet acte n'ennuie pas un seul instant ; il laisse
pourtant une vague impression de monotonie ; on
en peut, je crois, trouver plusieurs raisons, dont
la principale est que, si les différents dessins
s'enchaînent très musicalement entre eux, les
points culminants — ou qui devraient l'être —
n'émergent pas avec un relief suffisant...

Mademoiselle Berthet, de qui j'apprécie quelques jolies notes hautes congrûment filées, a
surtout réussi le long passage mimé où, son
amant parti, elle se remémore les dernières
paroles du marin, cependant que l'orchestre —
avec une intensité d'évocation peut être insuf-
fisante — redit le thème de la tempête, et l'alliciant motif des filles d'Asie, et le serment
d'amour.

Nous avions déjà applaudi, au concert Lamoureux, Madame Chrétien-Vaguet dans le rôle
très extérieur de Thanastô (beaucoup plus com-
préhensible à l'Opéra qu'au Cirque-d'Eté) ; elle
n'a point perdu ses qualités de consciencieuse
énergie et le public l'a particulièrement goûtée

dans l'air. « Ainsi qu'un semeur charitable »,
dont le bon début, biblique à la façon des chœurs
hébraïques de *Samson et Dalila*, tourne vite à
la religiosité en « christocale » — le mot est de
Jules Lemaître — et s'affadit tout le long d'une
déplorable phrase : « Pour qu'au jour des mois-
sons superbes... » rendue plus gounodienne
encore par la forme de l'accompagnement, rythmé en accords douze à la mesure répétés jusqu'à
l'écœurement.

Vigoureux dans l'hymne à Eros, M. Vaguet
montre de la grâce au cours du joli duetto « Deux
roses sur la même branche » dont la phrase pro-
metteuse : « Demain, ce sera la journée...» se
greffe sur le chœur des matelots avec une adresse
charmante.

M. Renaud indisposé, nous avons entendu la
voix solide de M. Bartet. Catéchiste un peu
fruste, il célèbre le Rédempteur sur un thème
d'allure liturgique, en un chant large, d'une belle
expression calme, qui me plaît surtout quand des
tierces nues l'accompagnent, montant et descen-
dant par degrés conjoints.

Je ne sais qui avait eu l'idée falote d'amputer
à la répétition générale le dénombrement lyrique
des immortels : « Dans le bel Olympe neigeux...»;
rétabli hier soir, pour la plus grande joie de
l'honorable interprète Fournets, il a produit fort
bon effet.

Il sied de complimenter les choristes, excellents dans leur jolie page du début (en *ré bémol*, qui module en *mi* de façon délicieuse) et aussi les instrumentistes supérieurs à ce que nombre de représentations antérieures donnaient sujet de redouter.

Et si quelques-uns des protagonistes ont détonné parfois, je n'en veux rien dire.

9 mai 1899.

MM. Théodore Dubois Ier et Léon XIII viennent d'obtenir en Champagne un fort joli succès avec leur *Baptême de Clovis*, qu'ils ont fait exécuter dans la célèbre cathédrale de Reims, le jour de l'Ascension ; pour rajeunir un peu le sujet, quelques journalistes rémois avaient proposé d'intituler l'ode pontificale. Le *Baptême de Clovis... Hugues ;* je ne sais pourquoi cette opinion n'a pas prévalu. Si j'en crois le *Courrier de la Champagne*, « le Tout-Paris artistique avait tenu à consacrer par sa présence ce véritable événement musical » ; en effet, notre confrère signale la présence de Roujon aux yeux vifs, du fâcheux Lenepveu, Henry Gauthier-Villars (gros cachottier, qui m'avait affirmé ne point aller là-bas !) de Fernand Bourgeat, mon vieux complice. Ça devait être un spectacle enchanteur.

Si j'en crois l'*Indépendant*, la musique de M. Théodore Dubois ne ressemble ni à *Robert le Diable* (je l'en félicite), ni à la *Tentation de Faust* (sans doute l'œuvre d'un compositeur local), et est caractérisée par « la netteté de la pensée et de l'expression dans l'ordre le plus élevé ». Quant aux solistes, le ténor Escalaïs et le baryton Noté, ils occupent parmi les musiciens un rang « élevé », eux aussi. Allons, tant mieux ! Mon divin portraitiste Jacques Blanche, qui se trouvait, pendant la cérémonie, à côté de Fourcaud, a pu jeter un coup d'œil indiscret sur les notes dont le musicographe hiéroglyphait sa manchette, d'un crayon hâtif ; en voici le début : « Dans le chœur sublime de nos cathédrales françaises, Reims représente l'élan lyrique, l'hymne des publiques allégresses, chanté par les pierres vives. Sur sa façade, toutes les formes s'amincissent et s'envolent. Ses tours sont pareilles à une demesurée vannerie où rit splendidement le jour, etc... » Il a le sourire, ce Fourcaud ! Je gage que, si Arthur Meyer le priait de rendre compte d'une inauguration de monument, il n'aurait rien de plus chaud que de télégraphier à son journal : « Après un ennuyeux pas redoublé en *scie bémol* raté par la fanfare, M. le maire, qui est bossu, a prononcé une allocution en *dos* tout ce qu'il y a de plus majeur, etc... » sans dire un mot de l'architecture.

J'oubliais de vous révéler que le texte du successeur de saint-Pierre est rédigé en latin et même en vers latins ; au lieu de dire : « Jusqu'aux pays lointains fleurit le nom français » (alexandrin sans magnificence, je l'avoue), le pape s'écrie : *Dissitis floret magis usque terris gallicum nomen*, c'est plus coquet. Aussi bien, les poseurs de latins croissent et multiplient, en prose ou en vers ; pas plus tard qu'hier, dans un volume orné de ce titre modeste et nourrissant, *A manger du foin*, je lisais que la plupart des affiches parisiennes seraient prochainement rédigées dans la langue du regretté Pétrone ; oui, mes enfants, au lieu de voir, placardée sur les murs, la classique interrogation : « Tu as donc fait un héritage ?... » posée par le monsieur qui s'étonne de voir « des chemises pareilles », vous épellerez désormais : *Num tibi hereditas evenit, qui camisias tales induis ?* »

Un mot encore, et je quitte Reims. Le maître de chapelle Dazy a entouré *le Baptême de Clovis* de tous les soins « dazyrables », selon le mot — exquis — prononcé par son Éminence, de qui chacun apprécie l'angéniosité. Espérons que le succès de l'œuvre pontificale acclamée maintenant durera toujours... *et nunc et Saint-Père !*

Revenons chez nous. Sans être un événement aussi parisien que la bronchite de notre oncle Francisque Sarcey, le concert donné, hier, par

M. Albéric Magnard, avait attiré au Nouveau-
Théâtre une assistance point banale. La Nationale y dominait, de Chausson à Bonheur en
passant par Pierre de Bréville, Louis de Serres,
Bordes, Husson, et autres admirateurs de ce
fils de Francis Magnard, compositeur totale-
ment inconnu du gros public, fâcheusement
dreyfusard, mais congestionné de talent. Pour
l'applaudir, Nancy avait délégué Guy Ropartz,
Lyon était représenté par Witkowski, les pianistes par les Jossic, Bruxelles par Octave
Maus, l'Espagne par Albenitz, l'Allemagne par
von Rath, la *Schola cantorum* par Coindreau,
Severac, Montesquieu, René de Castera (tous !)
le Conservatoire par M. Ravel, — nous ouïrons
ses productions au prochain concert de la Nationale — qui écoutait avec la stupeur embêtée de
Joseph Fabre entendant plaider Papillaud...
Vous pensez bien que je ne vais pas juger en
cinq secs une œuvre comme la 3ᵉ Symphonie de
Magnard, dont les « Danses », non sans quelque parfum d'Indyste, se déroulent selon une
alerte polyrythmie merveilleuse de souplesse,
dont le « Finale » éclate, puissant de conception, en accents de souveraine splendeur. Le
« Chant funèbre » d'une tristesse hautaine qui
se sublime en apothéose m'a pareillement ravie.
J'ai moins bien compris le reste du Concert,
pour ce que j'étais d'abord placée entre Poujaud
et Lalo qui me chuchotaient des inconvenances,

malgré lesquelles j'ai pu applaudir la belle
Jeanne Raunay comme elle le méritait, c'est-à-
dire de toutes mes forces. (Dans l'*O fons Blan-
dusiæ*, j'aimerais la prosodie conforme à l'accent tonal plutôt qu'à la quantité.)

15 mai 1899.

THÉÂTRE DE L'OPÉRA-COMIQUE. — *Cendrillon*, conte de fées
en quatre actes, de M. Henri Cain, musique de M. Jules
Massenet.

Cendrillon nous fut hier soir contée ; beaucoup de personnes y prirent un plaisir extrême
auquel collaborèrent, chacun pour sa part, les
interprètes excellents, la direction, prodigue
avec goût, le costumier Bianchini qui fit des
merveilles, les décorateurs Rubé, Moisson, Car-
pezat et Jambon qui en créèrent, un librettiste
habile entre tous et, n'oublions rien, la musique
de M. Massenet, si littéralement raccrocheuse
de bravos.

Je ne crois pas nécessaire de rappeler le sujet
de cette féerie ; mon ami Henri Cain qui a serré
de près, dans son premier acte, celui de Nicolo
s'est montré, tout au long de la pièce, adroitement soucieux de greffer sur son texte des couplets conformes au modèle de l'article Massenet,

toujours de vente, à quoi il a merveilleusement réussi : parcourez ce livret, vous aurez l'impression très nette qu'on le pourrait chanter rien qu'en évoquant les souvenirs de *Manon* et de tant de mélodies qui, sur tous les pianos et sur toutes les lèvres, extasient chaque soir, aux concerts, dans les salons, partout, les admiratrices de ce petit maître en tableaux de genre, Leloir de la musique. Il y a là un

> Reste au foyer, pet't grillon...
> A quoi penses-tu, pauvre fille ?
>   Travaille, Cendrillon,
>   Résigne-toi, Cendrille !

qui fera son chemin dans le monde ; un « grand fauteuil » qui vient fort à propos compléter le mobilier du compositeur, riche déjà d'une « petite table » et d'une lampe « vieille mais bonne » ; enfin, Paris, la province et l'étranger apprendront avec satisfaction que, si les coccinelles sont couchées, cette fois,

> Les marjolaines sont écloses.

et écloses sur un timbre d'opérette (frénétiquement bissé) que recueilleront avidement les revues de fin d'année.

Il faut louer ce dévouement du parolier à la cause d'un musicien, — qu'il eût peut-être été

dangereux d'entraîner vers les régions d'art
autres que les moyennes où il fréquente, —
d'autant plus que M. Henri Cain a montré,
antérieurement, et même en telles scènes alertes
de *Cendrillon*, des qualités qu'il eût pu légitimement souhaiter mettre en plus vive lumière
s'il ne s'était, avec une abnégation rare, je le
répète, maintenu dans l'ombre de son illustre
collaborateur.

Si menue et frêle, avec la mélancolie cristal-
line de sa jolie voix, mademoiselle Guiraudon
est une exquise Cendrillon ; son prince Charmant, très charmant sous les espèces de mademoiselle Emelen (travesti, que me veux-tu ?),
je le préférerais joué par un ténor plutôt que
par un soprano !

Madame Deschamps-Jehin exubère avec une
fantaisie dont la bouffonnerie communicative ne
s'attendait point dans le personnage de l'impor-
tante madame de La Haltière, qui se pavane, et
plonge en révérences profondes, et se crispe en
attaques de nerfs, et s'évertue au son de petits
pastiches du grand siècle — dirai-je « lullipu-
tiens » ? — à la manière de Poise, mettons de
Léo Delibes pour rester aimable jusqu'au bout.
Ses deux aînées, sœurs hautaines de la douce
Cendrillon (Mademoiselles Marie de l'Isle et
Tiphaine) la secondent congrûment ; et nulle
fée, du moins parmi celles que j'ai, jusqu'à ce
soir, connues, n'accomplit de plus belles prou-

esses de gosier que madame Bréjean-Gravière, impeccable dans la cadence pour concerto de violon qu'elle vocalise au troisième acte, cadence un peu niaise, mais bien supérieure à la navrante phrase en *ré bémol* : « Fugitives chimères... » qu'on croirait trouvée parmi les laissés-pour-compte de feu Godard. Quant à Fugère-Pandolphe, toujours excellent, jamais il ne fut meilleur, jamais sa diction ne fut plus simple et large, jamais il ne dosa avec pareil bonheur la farce et le sentiment vrai. Ah! de quel cœur on a bissé sa romance astucieusement câline : « Viens, nous quitterons cette ville !... » Et comme il sait empreindre de sensibilité vraie cette sensiblerie qui vaut à M. Massenet un de ces triomphes comme seuls Delmet et Tosti en remportèrent ! Ajoutons que les chœurs, la figuration, l'orchestre conduit par M. Luigini ne méritent que des fleurs.

Il est devenu banal de constater la maîtrise de M. Carré comme metteur en scène ; mais, ici, il a réalisé des prodiges. Le décor du quatrième tableau, pour ne citer que celui-là, où le chêne des Fées s'incline, argenté de lune, entre Cendrillon et le prince Charmant, tandis que, jaillies du sol, des Blumenmædchen s'épanouissent, est un pur chef-d'œuvre de machinerie, de couleur et de goût. Venez voir comment on s'habille à Paris, séductrices empotées de *Parsifal!*

On ne comprendrait pas qu'avec tant d'atouts

en main M. Massenet eût perdu la partie : il l'a
gagnée triomphalement. Le nier serait malhonnête. Pour réussir cette opérette à apparitions,
l'habile compositeur n'a rien épargné, ni la
polychromie chatoyante des ailes de fées, ni les
chœurs à bouche fermée, ni les castagnettes, ni
le mustel, ni l'abondance des quarte-et-sixte, ni
les tourterelles vivantes, ni les pizzicati de man-
dores, né les ensembles bouffes à l'italienne, ni
les joliesses archaïques des simili-menuets mis
à la mode par le *Roi l'a dit*, ni les procédés de
féerie galante inaugurés par Messager dans
Isoline, ni les emprunts (ce ne sont pas les plus
heureux) faits à ses propres œuvres, tels les
Nymphes de *Narcisse* et certains ensembles
d'*Esclarmonde* qui se retrouvent dans les
chœurs de fées du troisième acte, telle une petite
danse des *Erynnies*, d'autres encore.

Rien de plus curieux, à cet égard, que certaines pages de *Cendrillon*, par exemple l'air
en *sol mineur* avec lequel mademoiselle Guiraudon a failli faire crouler sous les applaudissements la bâtisse de M. Bernier, — l'Art aurait
éprouvé des pertes plus cruelles ; — c'est un
compendium d'effets sûrs ; M. Massenet y a en-
tassé du papotage, du rire nerveux, des rappels
de thèmes, une imploration, un carillon qui
tinte : « Ah ! vous dirai-je, maman... » des vocalises, tout, tout ! Comment le succès ne couron-
nerait-il point de si persistants efforts ? Celui

qui use de tant de recettes sera récompensé par la recette. Et ce sera justice.

25 mai 1899.

Théatre de l'Opéra. — *Joseph*, opéra en trois actes d'Alexandre Duval, musique de Méhul. Récitatifs de M. Armand Silvestre, mis en musique par M. Bourgault-Ducoudray.

La querelle si longtemps pendante entre la direction de l'Opéra et le compositeur de *Joseph* s'étant heureusement apaisée, nous avons pu, hier soir, applaudir le sympathique Méhul sur notre grande scène lyrique. Les recettes réalisées par *Cendrillon* dans l'édifice maçonné par M. Bernier consoleront, je pense, M. Albert Carré de s'être ainsi laissé devancer par M. Gailhard.

Les mérites de la partition sont connus ; mais ils ont fait tort à ceux du poème : la gloire de Méhul a éclipsé celle du rare artiste que fut son collaborateur. Alexandre Duval, semble-t-il, avait pressenti cette ingratitude de la postérité et il a pris soin d'y remédier par avance, en signalant par une notice placée, dans ses œuvres complètes, en tête du livret de *Joseph*, les principaux titres de son drame à l'admiration des

hommes. Sans fausse modestie, il conte comment
défié par une société de lettrés, il réalisa, en
moins de quinze jours, ce prodige de composer
une tragédie (et quelle !) sans amour, — telle la
seule *Athalie* — et sans conspiration, — par
quoi notre auteur, d'un seul coup, s'élevait au-
dessus de Racine.

Pour obtenir de tels résultats, — de même
que, selon certains normaliens, pour aller à
l'Ecole d'Athènes, — il faut du génie ; Alexandre
Duval en eut : de là cette merveilleuse trouvaille
de Jacob aveugle, qui, l'auteur le constate avec
une satisfaction bien légitime, « offrait l'occasion
toute naturelle d'employer ces méprises de personnages qui sont d'une si grande ressource
pour amener des situations intéressantes ». Et,
avec cela, il usa d'un style extraordinaire :
M. Gailhard, irrespectueux, a brutalement rem-
placé l'étonnant dialogue de Duval par des récitatifs, d'ailleurs excellents. de M. Armand Silvestre, mais qui, jamais ne me procureront la
joie pure dont m'inondait jadis la poétique des-
cription du librettiste Duval : « Je me promenais
dans une vaste plaine dont l'étendue se perd dans
l'horizon » ou la hardiesse de cette comparaison :
« Mon âme est noyée comme une mer ! » Heureusement, il nous reste les vers — si j'ose m'exprimer ainsi — de la romance célèbre, modulée
par M. Vaguet, plein de candide émoi :

A peine au sortir de l'enfance,
Quatorze ans au plus je comptais ;
Je suivis avec confiance
De méchants frères que j'aimais.

... Près de trois palmiers solitaires,
J'adressais mes vœux au Seigneur,
Quand, saisi par ces méchants frères,
J'en frémis encor de frayeur...

Evidemment, c'est autre chose que le poème de *Briséis*, ô Catulle Mendès !

La location de *Cendrillon* exalte à ce point certains bayreuthophobes qu'un vieux monsieur qui, il y a trente ans, bavochait déjà sur les *Maîtres Chanteurs*, s'emporte contre les musiciens respectueux de l'art de Wagner jusqu'à les traiter de « gredins » ! Plus éclectique que M. Arthur Pougin et plus poli, Wagner a maintes fois proclamé son admiration pour l'œuvre de Méhul : « Je me sentis ravi dans un monde supérieur, écrivait le maître allemand, en faisant étudier à une petite compagnie d'opéra ce magnifique *Joseph* ».

Magnifique, en effet ! Continuateur de Gluck, l'auteur de *Joseph* suit d'un pas ferme la voie ouverte par le créateur du drame lyrique français ; son œuvre, d'une sévère beauté biblique, renferme des pages que tout le monde loue de confiance et que bon nombre de mélomanes entendaient, hier, pour la première fois : l'aimable romance de Benjamin, touchante à l'égal du *Panis Angelicus* de César Franck, et que mademoiselle Ackté dut bisser, l'entrée sombre de Siméon, le sextuor de voix d'hommes d'une puissante venue, etc.

À la vérité, la sobre instrumentation de Méhul, la pureté de sa ligne mélodique et sa rigueur tonale peuvent surprendre, aujourd'hui que les petits arrivistes encore internés au Conservatoire s'adonnent avec frénésie aux pires perversités orchestrales (au fond, si godiches), obstinés dans ce que Wagner qualifiait « la dégoûtante orgie des modulations modernes ». Malgré les harmonies, plus corsées peut-être que de raison, et l'accent exagérément dramatique parfois, des récitatifs élaborés par M. Bourgault-Ducoudray, quelques mélomanes protestaient, hier soir, non sans ingénuité, contre l'aridité de *Joseph*. Hélas !

Ils ne savent donc pas que pour apprécier la musique d'antan, ou les toiles des primitifs, il faut se faire une âme d'autrefois, et se garder de chercher, en ces œuvres de jadis, les intentions, les réalisations surtout, où se complaisent les chiqueurs d'aujourd'hui !

Les interprètes, eux aussi, devraient faire table rase de leurs habitudes quotidiennes, s'efforcer vers une régression intelligente, tranchons le mot, avoir du style... Ils se contentent de chanter du mieux qu'ils peuvent. C'est déjà quelque chose. Mademoiselle Ackté, dans un rôle trop bas pour elle, M. Delmas, dans le personnage un peu haut du patriarche Jacob, ont fait applaudir qui sa grâce naïve, qui ses grandioses effusions dramatiques. Dans l'air célèbre, *Champs paternels*, qu'il a ennobli de quelque solennité surérogatoire, M. Vaguet a beaucoup plu. M. Noté est un Siméon mangé de remords comme il sied. Mademoiselle Robin s'assouplit en poses qu'elle estime hiératiques. Chacun s'efforce. Et l'orchestre, alertement conduit par Paul Vidal, se hâte.

Je ne sais si cette reprise procurera de copieuses recettes ; en tout cas, elle vient à son heure. Au clinquant des cendrillonnages en vogue, aux viles titillations qu'emploient les compositeurs infestés de « l'esprit juif » pour aguicher le public, il était bon d'opposer une œuvre probe, voire austère, écrite par un musicien assurément démodé puisqu'il respectait son art et se respectait lui-même.

26 mai 1899.

Influenzée, je vis de fruits et de l'*Otage* (par mon ami Charles Foley), et j'ai perdu mon sourire, le sourire immortalisé par le portrait de Jacques

Blanche, « sourire de concours régional »,
gouaille la *Revue des Beaux-Arts*... Dame !
Fagus, dans notre métier de critique, on voit
tant de veaux !

L'ennui, c'est qu'il m'a fallu sécher pas mal de
concerts cette semaine, celui de madame Ferrari,
entre autres, où m'a remplacée un contrôleur du
P.-L.-M., ravi de l'aubaine.

> Quand je lui proposai mon billet Ferrari,
> D'aise l'employé du chemin de fer a ri...

(Je prends des suppléants, comme vous voyez
qui sont dans le train.)

Au Trocadéro, Solenière m'apprend que le
concert de l'organiste américain Eddy a bien
marché (il nous en a donné une seconde Eddy-
tion) ; la baronne de Reibnitz y a chanté, paraît-
il, quelque chose d'anglais intitulé *Come restin
this Bottom...* la trouille, le flub, ils n'en ont
pas en Angleterre ! — Toujours au Trocadéro,
jeudi, Festival-Richepin, avec le concours de
compositeurs ayant musiqué les vers du Festi-
valé, Fauré, les Hillemacher, et — mon Dieu !
oui, — et Gaston Lemaire. Alexandre Georges
ne figure pas au programme, où cependant les
Chansons de Miarha auraient bien tenu leur
place.

Samedi, au Nouveau-Théâtre, grrrrand concert de la Nationale ; affluence énorme, service

d'ordre idiot. Début cahoté : un gauche démarquage de l'école russe (du Rimsky tripatouillé par un debussyste jaloux d'égaler Erik Satie) indispose l'auditoire qui, agacé en outre par les bravos agressifs d'un lot de claqueurs en bas-âge, proteste et sille. Pourquoi cette cruauté ? Je la regrette à l'égard du jeune Ravel, débutant médiocrement doué, il est vrai, mais qui pourra peut-être, dans une dizaine d'années, devenir quelque chose, sinon quelqu'un, à condition de beaucoup travailler. — Bien, le chœur des *Bateliers du Volga* : M. Kœchlin a transcrit la chanson populaire russe, la faisant précéder et suivre de minuscules fragments de la dite chanson ; orchestre ingénieusement dégradé, adroites combinaisons canoniques. — Sous *Nevermore*, jolie pièce de Verlaine, M. Lazzari a écrit une jolie musique, chantée par M. Lupiac avec un joli succès. — *Psaume*, de Guy Ropartz, saluons ! Œuvre de lignes pures, méprisant les mignardises de détail, admirablement expressive, de conception puissante, introduction superbe, chœur de lamentation intense, l'allegro médian fait songer aux grands classiques, malédiction si foudroyante que ce *Super flumina* semble un *Super fulmina* ; triomphe. — Je reste sidérée de la *Tête de Kenwarch*, œuvre de M. Pierre de Bréville, capitale, si j'ose dire ; l'élégant musicien a couché ses coccinelles et rugit dans les trombones robustement ; trompettes stridentes,

orchestration à la Leconte de Lisle, M. Daraux
vocifère ce chant gallois avec une vigueur que
constateront les coupures du *Courrier de la
Presse* (également Gallois).

D'aucuns boudent contre la bouillonnante Suite
populaire d'Albeniz et traitent cette verveuse
Catalonia d'affiche espagnole ; pour moi, qu'elle
repose de certains chichis prétentieux, c'est l'affiche de consolation, bariolée gaiement, carica-
turale à certaine entrée de clarinettes, aussi dis-
semblable que possible, en sa tumultueuse joie
catalane, des chansons andalouses (si chères au
Loti des *Reflets sur la sombre route*) « **qui répètent toujours, toujours, à travers la naïveté
de leurs images, le tourment d'aimer et de
mourir** ».

29 mai 1899.

THÉÂTRE DE L'OPÉRA. — *Hamlet*. Début de mademoiselle
Calvé.

Débuts, pas précisément, car la célèbre cantatrice s'était déjà révélée Ophélie, à Venise, au
théâtre de la Fenice, où elle remporta un de ces
triomphes comme on n'en connaît qu'en Italie ;
moins exubérant hier soir, que dans la « perle
de l'Adriatique » *Haydée, que me veux-tu ?*), le

succès n'a pas été cependant un seul instant douteux et a touché d'autant plus vivement la vibrante élève de madame Rosine Laborde qu'il exauçait, bien tard, le vœu d'Ambroise Thomas : son Ophélie interprétée à Paris par Emma Calvé.

Mélancoliquement touchante dans la scène du Livre, exaltée jusqu'au plus passionné désespoir quand elle pleure l'envol des serments d'amour, Mademoiselle Emma Calvé joue, autant qu'elle le chante, le personnage d'Ophélie. Ses attaques pianissimo, ses longues tenues des notes prises en douceur, la largeur poignante avec laquelle elle rend le lied septentrional du quatrième acte, enfin son interprétation tragique de la scène de folie ont transporté l'auditoire.

Au moment où madame Sarah Bernhardt réalise un Hamlet si nerveusement shakespearien, celui d'Ambroise Thomas semble plus sujet de pendule que jamais ; vu les préférences du public français pour ce genre d'adaptations édulcorées, on peut espérer que cette reprise sera fructueuse, vu aussi les soins consciencieux dont l'Opéra l'a entourée, rendant à M. Renaud, qui le chante plus amoureusement que jamais, le rôle de l'enigmatique meurtrier, mettant à son rang — au premier — la charmante Zambelli qu'une chute émouvante n'a point empêchée, au contraire, d'être fêtée par toute la salle, au cours d'un ballet lourd de sénile niaiserie.

Il serait inutilement cruel de partir en guerre

contre la musique d'*Hamlet*, que d'aucuns jugeaient avancée, il y a vingt ans, et qui nous paraît, aujourd'hui, de contours bien mous et d'expression bien superficielle. Une scène a résisté : celle de l'Esplanade, grâce à l'ingéniosité de l'accompagnement qui souligne de saccades comme haletantes l'angoisse d'Hamlet interrogeant le spectre paternel. Mais la chanson à boire, mais les aveux à Ophélie, quel déchet ! — ... Il y a plus de choses dans Shakespeare, compositeur, que n'en peut concevoir votre philosophie !

THÉATRE DE LA RENAISSANCE. — Le *Duc de Ferrare*, drame lyrique, en trois actes, de M. Paul Millet, musique de M. Georges Marty.

On nous rendra cette justice que nous avons toujours dispensé au Théâtre-Lyrique de la Renaissance des trésors d'indulgence patiente, ce même à l'occasion de la reprise de *Martha*, encore que l'œuvrette du Mecklembourgeois Flotow nous parût lamentablement poussiéreuse. Il semblait équitable en effet d'accorder quelque crédit à MM. Milliaud pour leur donner le temps de réaliser ce sans quoi le Théâtre-Lyrique n'a pas de raison d'être : une œuvre nouvelle d'un compositeur nouveau. Ils n'y ont point failli et nous avons plaisir à constater qu'ils ont choisi heureusement, récompensés, d'ailleurs, par le succès très vif qui a salué hier soir le *Duc de Ferrare*.

Le livret, rapide, de M. Paul Milliet, est ingénieusement emprunté à une chronique italienne qui relate l'amour criminel d'Alfonse, comte de Ferrare, pour la seconde femme de son père, Réginella, et l'atroce vengeance imaginée par le mari trompé, qui fait tuer l'épouse adultère par le fils incestueux, grâce à ce stratagème : dans une chambre obscure, un corps inanimé, entouré d'un voile épais, est désigné à Alfonse comme celui d'un conspirateur qui voulut attenter aux jours du duc : « Venge-moi ! » ordonne le vieux fourbe. Le fils tire naïvement son épée, frappe ; horreur ! c'est sa maîtresse bâillonnée qu'il a percée de coups ! Fou de désespoir il se précipite sur les lances en arrêt des gardes accourus. On était plus bouillant que réfléchi, à cette triste époque.

A l'exception de *Lysic*, pantomime applaudie au Cercle funambulesque, M. Marty n'a rien fait représenter ; on ne s'en douterait guère à l'audition de sa partition essentiellement scénique, dont la musique donne aux caractères un vigoureux relief et s'interdit tout vagabondage épisodique, toute caresse aux détails uniquement jolis, toute échappée vers le lyrisme injustifié (parfois si tentante) pour courir droit au but, agir vite, frapper fort. Incontestablement, l'auteur du *Duc de Ferrare* est un homme de théâtre. C'est pour cela, sans doute, que, son œuvre sous le bras, il heurta inutilement les huis directoriaux depuis une dizaine d'années.

Ce drame, s'il eût été terminé depuis un temps plus court, son écriture serait changée. Aujourd'hui, M. Pougin lui-même reconnaît quelque talent à Wagner, et les compositeurs intelligents renoncent à la dangereuse imitation de ce grand homme (je parle du musicien, non du critique).

Il s'en allait pas de même en 1889, et le *Duc de Ferrare* nous le prouve, qui recèle à côté de contours mélodiques dont l'élégance rappelle Gounod, d'assez fidèles souvenirs du Wagner chevaleresque de *Lohengrin*, des chromatismes évoquant certain thème de *Tannhæuser*, et même au cours du grand duo d'amour (si applaudi) des élans, des bouillonnements d'orchestre, des exacerbations passionnées qui font songer à *Tristan*, modèle terrible.

Ce qui appartient en propre à M. Gorges Marty, c'est sa vigueur ; je ne crois pas avoir entendu orchestre plus robuste. Dès le début du prélude, quand les cuivres lancent de tout leur pouvoir le thème guerrier du duc, solide de carrure, on se sent en présence d'un compositeur qui a des biceps, si je puis ainsi dire ; et jusqu'à l'accord de *mi* final, plaqué *fortissimo*, cette impression ne se dément pas. Même aux passages de tendresse, les amants n'ont garde de choir dans la mièvrerie ; Alfonse et sa belle-mère se chérissent à plein cœur et se le disent à pleine voix, en une énergique invocation :

> Que le ciel maintenant soit prompt à nous punir.
> Puisque en nous punissant il doit nous réunir.

qui a soulevé des bravos dont M. Théodore Dubois donnait le signal, manifestement heureux de l'accueil enthousiaste fait au jeune prix de Rome.

A ces phrases bien charpentées, je préfère encore, pour ma part, des délicatesses... moins applaudies parce que moins râblées, telle la rêverie en *la bémol : « Aimer, ils ont le droit d'aimer »*, soupirée par Reginella, qui entend une bande d'étudiants arpenter la rue en chantant : « Vive l'amour ! » comme cela se pratique de notre temps.

En tête des interprètes, qui tous ont fait de leur mieux, il sied de placer M. Cossira, unanimement prisé dans le personnage de l'amoureux Alfonse qu'il interprète avec une conviction communicative. L'excellent Seguin, cher aux Bruxellois (chez qui il créa, entre autres, le rôle d'Arfagard d'une façon que les amis de *Ferraal* n'oublieront jamais), est un duc farouche à souhait, et M. Soulacroix qui tâche d'être « le rayon de soleil de ce drame poignant » détaille avec goût le conte du muletier florentin. Mademoiselle Martini, Reginella consciencieuse, prononce avec beaucoup de soin, et a plu. Mademoiselle Mary Lebey, la suivante Cintia, montre de l'intelligence, de l'adresse et du goût. L'orchestre a particulièrement bien joué le Prélude du deuxième acte, jolie phrase chantée par le hautbois, puis par la clarinette, sur les battements des cors.

Continuons d'être aimable jusqu'au bout ; louons les décors, et, si l'on veut, la figuration, et même, en un rôle de poète jugulé à la fleur de l'âge, M. Delaquerrière.

31 mai 1899.

Il me faut être brève, afin de laisser la place aux « résultats des courses » qui enfièvrent Paris (d'une fièvre de cheval) et aussi aux considérations inspirées par l'arrêt que la cour de cassation vient de rendre — entendez « rendre » au sens évacuatoire — pour la plus grande joie des dreyfusards qui clament : « Vive l'arrêt public ! » Mais attendons la fin...

Jeudi, les ovations au commandant Marchand ennuyaient M. Alphonse Thibaud presque autant que le ministère ; en effet, c'est devant une salle à moitié vide que le remarquable pianiste de

Buenos-Ayres dut pleyeler, avec le concours de M. Colonne, son intéressant programme : plus de pureté que de fougue, plus d'énergie que d'emportement, clarté exquise, dans les passages de douceur une sonorité vaporeuse de cordes plus frôlées, dirait-on, que touchées ; vous qui aimez Chopin, vous m'en donnerez des nouvelles, de cette interprétation-là ! Dans la salle : comtesses de Charnacé, Potocka, Rochard, madame de Puybaraud, MM. André Foulon de Vaulx, Gustave Lyon, Paul Hervieu, l'académicien de demain, et le poète Pierre de Bouchaud, fidèle à sa devise : Nulla dies sine *Cardelinea.*

Combien de séances chaque jour ! Celle de mademoiselle Passama, ce soir ; d'autres encore, d'autres toujours ! Quel métier ! On est vannée, fourbue, et il se trouve encore des grincheux pour chipoter vos vertus professionnelles; comme le Mangeot du *Monde musical* qui imprime sans rire que, l'année dernière, je ne « suis peut-être pas allée dix fois salle Pleyel », peut-être pas dix fois, non ; mais sûrement plus de trente. Chéri, va !

Il est vrai que la plupart des auditeurs doivent se fatiguer moins que moi, vu leur manière d'écouter la musique. Samedi, au concert donné par le comte Arthur de Gabriac, j'étais placée derrière deux dames qui, à voix haute, jacassaient intarissablement : « Il n'y a pas beaucoup de monde, à cause de la Fête des Fleurs, mais

voilà tout de même la belle madame Fourton. —
Quels jolis yeux clairs ! — Et puis la baronne du
Quesnoy. Elle donne un grand dîner ce soir et
mène tous ses invités chez le duc de Pomar, au
dessert. — Ah ! ma chère, que ça doit être amusant ! — Tout de même, nous n'écoutons pas
beaucoup. — Bah ! les artistes, pourvu qu'ils
jouent leurs petites machines, ils sont contents,
patati, patata... » Pendant ces jabotages, Cadet
monologuait, on exécutait du Sarasate, du
Wienawski, du Boisdeffre. M. de Gabriac char-
mait l'auditoire avec du Bemberg, et un nouveau
venu M. O'Connelly se révélait compositeur
digne de ces modèles.

Non, non, plus de musique ! Des soirées comme
celles de Jacques Normand, tant qu'on voudra,
parce qu'on n'y joue pas d'autre compositeur
qu'Alexandre Dumas fils, mais les violons, mais
les pleyels, mais les chanteurs, il n'en faut plus !
Et je veux passer mes soirées à lire dans le silence les ouvrages nouveaux, les admirables
Morts qui parlent du vicomte de Vogüé, cet
A manger du foin que daigna illustrer Albert
Guillaume, et les merveilles indoues élaborées
avec un succès indoubitable par le zoopshycho-
logue Rudyard Kipling qui a de l'esprit jusqu'au
bout des jungles.

5 juin 1899.

Opéra-Comique. — Représentation de gala donnée à l'occasion du centième aniversaire de la naissance de Halévy : l'*Éclair*.

On sait que l'*Éclair* date de 1835 ; si on l'ignorait, on s'en apercevrait sans peine, à l'ouïr ; mais on sait moins que les librettistes de cette chose, MM. de Saint-Georges et de Planard, avaient tiré leur sujet d'une vieille farce italienne où Cassandre, oculiste et amoureux, opère de la cataracte la gente Colombine ; l'objet de sa flamme, à peine la vue recouvrée, se précipite dans les bras du beau Léandre sans plus se soucier du sénile praticien. Comme je ne suis pas ici pour me vanter, j'aime mieux avouer que j'emprunte ces renseignements à mes érudits confrères A. Soubies et Ch. Malherbe.

De même que le livret de *Joseph*, la partition de l'*Éclair* fut écrite en quelques jours, à la suite d'un pari : c'est le seul point de ressemblance qu'on puisse lui découvrir avec le chef-d'œuvre de Méhul. De même que l'*Or du Rhin*, la *Valkyrie* et *Siegfried*, elle ne comporte point de chœurs : c'est le seul point de ressemblance qu'on puisse lui découvrir avec les chefs-d'œuvre de Richard Wagner.

Sauf en quelques passages destinés à émouvoir la sensibilité de nos pères et qui ont amusé, le livret de l'*Éclair* a répandu sur le public (fort

peu nombreux et fort peu élégant) de ce gala un
ennui lourd. Que nous importent ce jeune officier
de marine aveuglé par un éclair et ce jeune lord
aveuglé par sa fatuité naïve, ces deux sœurs,
oh ! ces deux sœurs, de caractères différents, la
rêveuse et la mondaine, l'une soupirant :

> La riche nature
> En ces beaux climats
> Pour moi, je le jure,
> Est pleine d'appas...

Cependant que l'autre rétorque :

> La riche nature
> En ces beaux climats
> Pour moi, je le jure,
> A fort peu d'appas...

l'une pensive, l'autre rieuse, toutes deux assom-
mantes !

J'ai goûté le pittoresque réalisme de l'orage,
et les volets rudement secoués par la tempête,
j'ai prisé MM. Clément et Carbonne, mesdemoiselles Laisné et Eyreams, mais à la niaiserie
sentimentale de cette musique, à ces grâces
fanées, je crois que je préférerais M. Audran,
voire deux ou trois des sous-Audrans qui con-
fectionnent l'opérette en ces temps troublés...

Avant l'*Éclair*, l'excellent Isnardon, capitaine Roland, en habit noir, nous vint conter

comment les choses se passaient « à la cour du roi Henry » et fut bissé ; on applaudit également madame Bréjean-Gravière, qui prodigua, dans l'air d'Athénaïs, l'agilité de ses traits et la pureté de ses trilles. Enfin M. Fugère souleva un ouragan de bravos quand il chanta en perfection l'air du vieux chevrier andorran, chéri des hautboïstes qui s'y taillent des succès faciles.

L'*Éclair*, les *Mousquetaires de la Reine*, le *Val d'Andorre*, M. Albert Carré ne juge-t-il pas la dose suffisante ? Songerait-il (ma main tremble à ce noir penser), songerait-il à déballer le reste du lot Halévy, la *Fée aux roses*, le *Lazzarone*, *Jaguarita l'Indienne* ?

6 mai 1899.

Un peu en retard avec mademoiselle Passama, je veux obtenir mon pardon en couvrant de louanges son concert, — sans dire à l'aimable cantatrice que certaines articulations exagérées dans les passages de force, et floues dans la douceur, ne me ravissent pas ; — « les belles écouteuses », comme chantait Verlaine, ont surtout admiré le *Nil*, de Xavier Leroux, que madame Héglon sait mettre en valeur mieux que personne, et la massenetterie pour baryton (ça,

8.

c'est un comble) du concupiscent Hérode, en
proie à l'Hérodomanie : « Viiiision fuuuugitive. »
On pâmait.

Le triptyque en vers de Judith Gautier, *Tris-
tane*, a su émouvoir le public, pourtant select,
qui s'entassait dans le « Petit Théâtre » de
l'avenue Victor Hugo (le sâr Péladan, en chemise de flanelle, y coudoyait la mignonne Suzanne de Lizery ; Benjamin Constant, glabre,
bavardait avec Falguière, Jean d'Udine lorgnait
Renée Parny au profil de César, le select Kara-
georgewich et la grande-duchesse de Mecklem-
bourg que l'on dut attendre, pour commencer,
pendant une heure et demie, car l'exactitude
n'est la politesse que des rois). Argument : le
sire Roland de Coetquen, baron de Poilly, est
dévotement adoré par sa jeune vassale,

> Tristane, qui confond souvent dans sa prière
> L'adolescent, vêtu d'azur et de lumière,
> Avec le fils de Dieu...

Elle épouse un épais manant pour approcher
une nuit de son chou-chou aristocratique, en se
soumettant avec ivresse au droit de cuissage,
— il n'y a que nous autres, femmes, pour avoir
des idées comme ça. — Au réveil du rêve à deux,
la jolie vilaine s'empoisonne afin de rester sur le
souvenir de cette nuit ineffable ; apparemment
les nuits de noces étaient plus amusantes dans

ce temps-là qu'aujourd'hui ; tout dégénère. Charmante « Chanson du Rouet » de Benedictus,
bien chantée par madame Simone d'Arnaud, qui
n'a que son pseudonyme de commun avec madame Simone Arnaud, l'auteur des *Fils de Jahel*,
la conférencière applaudie chez madame Adam.
Succès pour les ravissantes marionnettes, pour
Gerval et madame Mitsy-Dalti, de l'Odéon ;
pour les décors, parfaits de M. René Berthois ;
pour madame Comettant qui faisait gémir l'harmonium d'Alexandre, pour tout le monde,
enfin.

Chez madame Maddison, deux quatuors applaudis : celui du prince de Polignac, nourri de
la moelle classique et pourtant très personnel,
avec un bijou de *Scherzo :* celui de Fauré, en
sol mineur, dont j'ai passionnément aimé l'effet
de cloches de l'Andante, et dans le Scherzo, la
deuxième idée du premier mouvement, ramenée
avec une ingéniosité adorable. Comment voulez-
vous que nous ne soyons pas toutes folles de cet
ange aux yeux langoureux ?

Malgré d'obligeantes lettres m'engageant à
prôner le festival donné au Trocadéro par des
exécutants aussi nombreux que l'étaient, hier,
les flics chargés d'acclamer notre Loubet à Long-
champ, je m'abstiens ; lorsque M. Auvray, hautboïste et chef d'orchestre, voudra qu'on entende
la musique qu'il dirige, il ne la jouera pas dans
cette gigantesque et ridicule bâtisse, dont

l'acoustique est inférieure à celle de la gare du Nord.

Et puis, et puis, les météorologistes nous annoncent le retour des grosses chaleurs ! C'est pourquoi le Lyrique, non content de tenir un succès avec le *Duc de Ferrare*, se prépare à monter *Si j'étais roi* d'Adam « avec les costumes de la création », assure un confrère. Les costumes de la création ? Le costume d'Adam ? Hé ! hé ! nous ne nous embêterons pas !

Cet après-midi, M. Henry de Forge exhibe à la Bodinière un manchot qui pleyèle ; un de ces jours, Jacques Blanche me présentera un peintre aveugle...

12 juin 1899.

THÉATRE DE LA RENAISSANCE. — Reprise de *Si j'étais Roi*.

Adolphe Adam raconte, en ses *Souvenirs d'un musicien*, que, prié par un directeur acculé à la faillite de mettre en musique le livret de *Si j'étais roi*, il s'assit devant le cabinet de travail le 28 mai 1852 et que le 31 juillet de la même année toute sa partition était écrite et orchestrée. Ce dévouement à la cause d'un impresario malchanceux décèle, assurément, une

bonne âme, mais non pas du génie et je ne. vois
pas pourquoi les vieux messieurs qui chérissent
exclusivement cette vieille musique nous veulent
contraindre à partager leur admiration pour des
œuvres ainsi bâclées.

Je n'entends pas dire que cette opérette, de
gaieté médiocre, soit très déplaisante ; non. A la
vérité, celles qu'on trousse aujourd'hui me pa-
raissent, sinon supérieures, du moins plus
alertes ; mais je veux bien qu'on découvre en
Si j'étais roi quelques motifs assez agréables,
tout à fait agréables, si l'on y tient. Hier soir,
on a convenablement applaudi.

13 juin 1899.

Opéra-Comique. — *Joseph*, opéra biblique d'Alexandre
Duval, musique de Méhul.

Encore un *Joseph !* Souhaitons que le public
de l'Opéra-Comique, comme celui de l'Opéra, se
puisse intéresser passionnément aux aventures
de cet Hébreu subtil, narrées par Alex. Duval en
un dialogue désarmant de niaiserie et ennoblies
par Méhul d'une musique vraiment belle, encore
que certains admirateurs me semblent dépasser

le but qui la déclarent le chef-d'œuvre de la scène lyrique.

Car enfin tout notre patriotisme ne fera pas que nous puissions comparer ces touchantes romances, ni même les deux ou trois ensembles que Méhul y a joints, aux puissantes tragédies de Gluck ; Méhul lui-même prétendait seulement avoir dépassé Berton et presque atteint Cherubini. Il disait vrai ; son œuvre nous apparaît comme la plus parfaite expression de l'idéal « antique » — tel que l'entendaient les contemporains de David et de Prud'hon.

Les deux décors de *Joseph* sont (gloire à Jusseaume !...) des merveilles : le second surtout, le campement de Jacob au bord du Nil, a été incontestablement le gros succès de la soirée. Toute la mise en scène, du reste, témoigne du même souci d'élégant réalisme ; un détail, surtout, m'a charmé, qu'on n'a pas assez remarqué peut-être : après avoir présenté au ministre Cléophas (*alias* Joseph) les vases précieux qu'ils ont apportés, Ruben, Naphtali et les autres Israélites, profitant de l'agitation visible de leur protecteur, remportent subrepticement leurs cadeaux, — sauf, sans doute, à les rendre plus tard si on les leur réclame. Louons donc, une fois de plus, M. Albert Carré et aussi la sagesse qui lui inspira de supprimer la menace rageuse : « Je jure que quiconque lèvera une main impie sur les enfants d'Israël sera frappé de mort »,

proférée par Joseph (*cf.* la partition, p. 149,
Heugel, édit.). Ce Joseph-Cléophas s'exprime
comme un Joseph Reinach.

L'orchestre, sous la direction de M. Messager,
a merveilleusement joué la partition de Méhul.
M. Maréchal (Joseph) a fort bien chanté les deux
airs du premier acte ; M. Bouvet (Jacob), dans
son duo avec Benjamin, et dans les imprécations du dernier finale, a trouvé des accents
d'une émotion intelligente ; enfin mademoiselle
Mastio, coiffée d'une adorable petit bonnet de
pâtre hébreu, implore de façon touchante — et
avec de si jolis bras blancs — Jacob irrité, quand
le vieillard, oubliant sa cécité dans l'excès de sa
fureur, crie à ses fils :

> Fuyez tous ; votre aspect coupable
> Redouble mon juste courroux...

16 juin 1899.

Le musicien, que nous avons jeudi tristement
escorté, était, à coup sûr, moins connu de la
foule que tel bâcleur de lucratives opérettes. On
ne doit pas s'étonner qu'il fût auprès du gros
public en mince renom, il n'avait jamais écrit
que de bonne musique : rappelons l'inspiration
haute, la fière allure de sa symphonie, son *Con-*

cert, d'écriture luxuriante, avec des passages d'emportement fiévreux ; ses deux admirables quatuors : *Le Poème* avec lequel Ysaye remporta des triomphes ; *Soir de Fête*, impression musicale dont les poignantes oppositions d'allégresse et de mélancolie obtinrent un si vif succès aux Concerts Colonne ; de très nombreuses mélodies empreintes pour la plupart de cette grâce élégiaque qui faisait reconnaître sa personnalité entre toutes, enfin, un grand drame, *Artus*, dont il avait lui-même tiré le poème des légendes de la Table Ronde, avec une maîtrise à laquelle rendent hommage, littérateurs ou musiciens, tous ceux qui ont entendu l'œuvre, Pierre Louys comme Vincent d'Indy.

Il semble qu'une si riche floraison d'œuvres — encore suis-je loin d'avoir tout cité — imposait à la critique le devoir de la signaler à l'attention. Mais quoi? La critique, comme toujours, s'occupait de besognes moins artistiques et plus rémunérées. Un exemple : quand l'allemand Nikisch vint révéler à Paris la symphonie du français Chausson, le compositeur auquel incombe le soin de juger ses confrères, dans un journal du matin (qui depuis... mais alors il était influent) mentionna l'œuvre en quatre lignes dédaigneuses. Les amis de l'auteur s'en indignèrent ou s'en affligèrent, suivant leur tempérament ; lui ne perdit rien de sa douceur souriante : « Laissez donc ces misères, répétait-il ; si ma symphonie est bonne, les critiques finiront par venir à elle tôt ou tard. » Il disait vrai ; la symphonie est bonne, les malveillances d'alors se font aujourd'hui affectueusement émues pour le « vieux camarade » dont on ne discute plus les dons expressifs et la gravité unie à la fougue, maintenant qu'il est mort.

Ernest Chausson disparaît au moment où il venait d'acquérir la seule qualité qui lui manquât encore : la confiance en soi. Cette inquiétude perpétuelle, dont les hésitations l'avaient si longtemps tourmenté, les suffrages artistes venaient enfin de la bannir, suscités par chaque audition nouvelle : musique de scène pour la *Tempête* et la *Légende de Sainte-Cécile*, le *Poème de l'Amour et de la Mer*, *Viviane*, les deux quatuors surtout, qu'il faut compter parmi les plus significatives productions de cette jeune école, représentée par Vincent d'Indy, Guy Ropartz, Paul Dukas, Pierre de Bréville, Charles Bordes, Louis de Serres, Albéric Magnard, tous dissemblables, mais tous animés d'une foi commune dans l'Art, héritée de César Franck, et qui les guide vers les sommets, insoucieux des succès immédiats et des réussites viagères.

Il achevait un quatuor à cordes dont l'andante s'affirmait déjà tout plein d'une impérieuse beauté ; madame Jeanne Raunay allait faire connaître au public la *Chanson perpétuelle*, une merveille d'émotion pénétrante ; Félix Mottl inscrivait *Artus* au tableau des répétitions de Carlsruhe et, de jour en jour, peut-être sous l'influence du *Zarathustra* nietzschéen, l'évolution de ce généreux esprit se précisait vers des harmonies plus clarifiées, vers des mélodies plus librement chantantes, vers la Joie !

Vers la Joie, hélas ! Et cette vaste production, et ces plus vastes espoirs, et cette tendresse infinie pour les siens — car jamais homme ne fut plus aimant, ni plus aimé — tout cela est brisé par un accident imbécile : une bicyclette dévale sur une pente trop rapide et voici que cette tête toute pleine de nobles pensées heurte un mur... on relève un cadavre.

Mais je le dis avec une ardente certitude — où n'entre point mon affection désolée pour le cher mort — Ernest Chausson est de ceux qui se survivent : « Jamais l'affreuse mort ne les prend tout entiers ! » A présent qu'il n'est plus là pour écarter les louanges avec cette pudeur artistique, voilée d'insouciance, qui le faisait hostile à toute réclame, ses amis, ses admirateurs et surtout celle qui, après avoir vécu uniquement pour lui, n'est aujourd'hui soutenue que par son culte pour cette mémoire bien-aimée, tous vont montrer à la foule ce qu'il valait. Et ce modeste entrera dans la Gloire.

*
* *

Je vous demande pardon de n'avoir pas été gaie ; je n'aurais pas dû oublier que je suis payée pour faire rire les gens. Ça ne m'arrivera plus. Hâtons-nous d'annoncer que madame Marthe Chassang, accompagnée par Le Borne lui-même, chantera mercredi, à la Bodinière, l'*Amour de Myrto*, d'une façon, j'en suis sûre, myrtobolante. Je lui souhaite autant de succès qu'en eut, à la soirée d'inauguration de l'ami Ollendorff, Georgette Leblanc, irrésistiblement épatante quand elle interpréta Baudelaire, *Recueillement idéal*, poèmes immortels salis, par l'inconscient Rollinat, d'une musique honteuse.

19 juin 1889.

Ma correspondante londonnienne, une digne marchande des quatre *seasons*, m'écrit que l'éclectisme des mélomanes anglais fête des œuvres aussi dissemblables que peuvent l'être les convictions (si j'ose m'exprimer ainsi) du marquis de Millerand et du citoyen Galiffet : à Covent-Garden, la casta diva Lili Lehmann obtient dans le poncif opéra druidique de Bellini un succès a-Normal, cependant que le grand Ysaye enthousiasme le public de Queen's Hall avec deux œuvres françaises, le beau *Concerto* de Lalo et le *Poème pour violon* de notre cher Ernest Chausson, disparu si vite, si affreusement...

A Bayreuth, les études ont commencé ; madame Mottl ne chantera pas, Mottl ne conduira pas, Siegfried Wagner dirigera tant et plus ; tout cela n'est pas drôle. On prône le nouveau Parsifal, un Viennois nommé Schmedes ; l'antique Vogl a enfin pris ses invalides... Vog la galère ! Quant à trouver des places, enfants, n'y comptez pas : les youpins de Francfort, à grand renfort de réclames dans leurs gazettes, râflent tous les billets rentrants, pour les revendre avec un pénéfize colossâl. N'importe ! Après avoir juré que je n'irais plus aux bois environnant le Théâtre-Wagner, je suis bien sûre de retourner là-bas, maladivement assoiffée de ce Sublime « qui jamais ne rassasie les âmes, car, en même temps qu'elles s'en remplissent, il les dilate à l'infini », selon le diagnostic infaillible du docteur Maurice Barrès (spécialiste pour psychodyspepsies).

Revenons à Paris ; l'École d'orgue de Gigout vient de donner son audition de fin d'année, et nombre d'élèves y exécutèrent un cavalier seul, pardon, un Cavaillé-Coll des plus réussis, entre autres, mademoiselle Ziegler dans la *Pastorale* de César Franck et Mathilde Théophile-Gautier, élèves reconnaissantes envers l'éminent professeur qui les arrache aux élégantes inepties de la musique (?) mondaine perpétrée par les Chaminades de la mélodie lemairecantile.

Hier, sous la direction de M. Auguste Chapuis, inspecteur principal de l'enseignement du chant, les élèves des écoles communales et des cours d'adultes de la ville de Paris donnaient un concert au Cirque d'Hiver ; malgré la curiosité qui me lancinait d'ouïr la *Marseillaise*, « chœur général » trop rarement entendu, je me suis abstenue d'assister à cette séance de lyrisme municipal, épouvantée de la température qui, dans un endroit clos, déforme les physionomies les plus exquises, comme la mienne, ainsi que l'a dit Gabriel Mourey excellemment : « C'est un retour à l'animalité primitive. Les masques se dépriment, les fronts s'écrasent ; des nez s'allongent en trompes, se crochent en becs aigus ; les bouches se contorsionnent spasmodiquement... » Pouah !

J'en citerais davantage, mais ces fanfreluches ne m'intéressent plus guère, maintenant que me voilà enrôlée sinon parmi les *Vierges fortes* célébrées par Marcel Prévost, du moins dans les rangs des *Femmes nouvelles*, telle que les aiment mes amis Margueritte... Quel agacement de devoir toujours parler de futilités, d'être contrainte d'annoncer le concert de mademoiselle Jeanne Larmay, cantatrice tenace qui se recommande de Jean Lorrain et de Jacques Blanche ! Que me voulez-vous, Mademoiselle ? Avec quel-

ques lignes de l'auteur des *Poussières de
Paris*, avec un pastel du talentueux portraitiste
de Chéret et Willy, vous n'êtes pas satisfaite
encore ! Laissez-moi donc en repos et taisez-
vous ; nom oblige : Larmay, c'est la Grande
Muette.

26 juin 1899.

Donc, samedi, j'ai passé tout l'après-midi à
m'emplir la trompe d'Eustache avec des cantates
d'aspirants au prix de Rome exécutées dans une
salle de l'Institut que décoraient vingt bustes,
quatre statues (La Fontaine, Corneille, Puget,
Poussin), bon nombre de portraits à l'huile, et
un tas de membres de l'Académie des beaux-arts
vivants, ou semblant l'être. Conformément aux
décrets du *Paris Parisien* qui formule : « Toilette d'Institut, très habillée », j'avais mis ma
robe de drap pastel brodée de blanc, une souple
et délicate merveille dont M. Julia Pingard me
complimenta avec élégance, M. Larroumet avec
insistance et M. Roujon avec concupiscence ; le
président Jules Lefèvre me lorgnait assidûment,
M. Jules Massenet m'adressait des sourires
polissons ; quant à l'irrésistible Gabriel Fauré,
il me... il m'a... Ah ! ces monstres d'hommes !

Callirhoé me parut un agréable sujet de cantate ; M. Adenis nous y conte qu'Apollon séduit, pour charmer les ennuis de son exil, une nymphe de Diane, Callirhoé ; mécontente, la déesse traverse l'énamourée d'un dard *Similia similibus*, voilà. Vous savez déjà que MM. Levadé et Malherbe reçurent, chacun, le Prix de Rome, qu'à M. Léon Moreau un deuxième prix échut, unanimement voté, enfin qu'une mention honorable encouragea M. Brisset. Seuls, n'obtinrent aucune récompense M. Schmitt, qui, second prix de Rome en 1897, ne pouvait prétendre qu'au premier prix, et M. Berthelin, tout aussi digne de la mention, à mon sens, que son concurrent Brisset. (Je suis assurée que M. Widor pense comme moi ; une fois n'est pas coutume.)

Narrons : Levadé, le premier, vient s'asseoir devant le pleyel. J'ose dire qu'il la connaît dans les coins, le brillant Levadé ; toute sa partition abonde en joliesses qui chatouillent le jury au bon endroit : notamment la câline déclaration en *fa* de Phébus-David : « Quand ta blanche épaule... » et le gracieux duetto sucré de bémols où triomphe mademoiselle Mastio, en robe coquelicotée ; j'aime moins les imprécations de Diane, médiocrement théâtrales, car il ne suffit pas de faire chanter — fort bien d'ailleurs — un rôle par madame Lafargue pour acquérir du coup... l'art scénique. (Pardonne-moi, ombre de Lapommeraye !)

C'est au tour de la blonde Juliette Toutain, qui pleyèle l'œuvre de M. Schmitt, avec son talent habituel ; le jeune compositeur, très supérieur à sa cantate, s'est ingénié à confectionner des morceaux qu'il pensait idoines à séduire les académiciens, par exemple une invocation à la lyre plus sonore que distinguée, dite avec brio par l'excellent Daraud, et un Nocturne à trois temps : « Viens, marchons l'âme ouverte au charme du silence », agréable, mais sans personnalité (on dirait Millerand mettant de l'eau dans son pétrole pour s'asseoir à côté de Galliffet) ; je préfère beaucoup le trio, conduit avec une habile énergie, et surtout le Prélude où, point indignes de l'*Après-Midi d'un Faune*, des flûtes soupirent.

Saluons le vainqueur ; enfin Malherbe vient ! Mirifiquement jouée par le talentueux Lucien Wurmser, sa partition (étoilée d'accords si « modernistes » que j'ai craint un instant les grincheries de quelques misonéistes académiciens) participe avec une habileté exquise de la cantate et, presque, du drame lyrique, élégante, vigoureuse, la perle du concours. Engel roucoule amoureusement l'invitation au... voyage, d'une couleur mystérieusement tendre ; sous la malédiction lancée avec une belle robustesse par madame Grandjean : « Il a profané la nuit que j'éclaire... », un accompagnement martelé halète, poignant ; de troubles harmonies enlinceulent

lugubrement les spectres d'Hécate ; madame
Mathieu dit de façon charmante la déploration
de Callirhoé : « O beau rêve... » évoquant le
rêve d'amour tôt évanoui, comme tous les rêves
d'amour (cette remarque empoisonnée est non de
M. Adenis, mais de moi).

Le brun Léon Moreau est roué, bellement roué,
calliroué, et de nature essentiellement musicale,
ce qui se fait très rare chez les compositeurs, je
ne sais si vous l'avez remarqué déjà. M. Mau-
guière barcarolise délicatement les jolies
strophes à la lyre (très jolie l' « Egrène ton
accord pur »), et une blondinette, mademoiselle
Rioton, chante à ravir d'autres jolies choses ; la
belle Pacary maudit avec une conviction qui,
peut-être, n'étreint pas l'auteur, surtout préoc-
cupé, je le répète, du joli, du joli, encore du joli ;
il doit sortir de l'École Jolytechnique. Mais je
suis prête à tout pardonner en faveur de certaines ingéniosités de déclamation, délicieusement « littéraires ». L'année prochaine, Léon,
boucle ta valise pour Rome, et sans rancune.
Valise et me ama !

Peu, trop peu de dessous dans les adieux de
Callirhoé qu'écrit M. Berthelin ; un discutable
rythme de polonaise sautille sous le trio « Aux
enfers ! » Mais, agréablement accompagnée, la
déclaration d'Apollon a de la grâce et dans la
symphonie « qui exprime l'extase », j'ai cru
subodorer un fugitif parfum franckiste. — Quant

à M. Brisset, l'opérette le guette : le célèbre Delmet pourrait réclamer des droits d'auteur sur les airs d'amour de cette œuvrette dont les évocations prétendûment infernales rappellent moins le Styx que le bal d'Hécate z-arts.

3 juillet 1890.

Décidément, les voyages déforment la jeunesse. Pour avoir trop déambulé entre les bureaux du *Soir* et l'étuve conservatoriale, notre gentil confrère Paul Gavault s'est luxé les méninges, irrémédiablement. Ahuri, en outre, par l'accessit concédé à certaine Fille du régiment, féconde en couacs, et qui avait concouru Cahencaha, ne voilà-t-il pas qu'il dit hier à Albert-Carré : « Ne jouez jamais le même soir *Haydée* et le *Caïd*; il y aurait superfétation, car le *Caïd*, c...a...ï...d... » Pauvre France !

Pour me consoler, il m'a fallu cette perle d'une exquise saveur (comme disait Cléopâtre en lunchant) secrétée à mon adresse par la *Mode française*, laquelle déclare l'Ouvreuse « l'enfant gâtée, habituée à ne se nourrir que de crème, et qui en arrive à trouver fadasses les meilleures choses » ; les meilleures choses, en l'espèce, c'est *Cendrillon !* Il me semble que, si je mangeais uniquement de la crème, je trouverais toute autre nourriture plutôt salée que fadasse; n'importe ! M. Jules Massenet peut se vanter d'être défendu par des cordons-bleus pas ordinaires. Et ce, dans une feuille d'opinions généralement modérées jusqu'à la niganderie, où l'on prône la littérature pour fillettes, la critique d'art genre Olivier Merson, les honnêtetés zozo, si manifestement moules, si indéniablement bécasses qu'elles relèvent de la zozoologie.

Quelle scie d'avoir dû rester à Paris pour entendre, équitable mais flapie, des violonistes râcler leurs airs stradivariés, des pianistes triturer Weber et Beethoven, s'ils sont mâles, Haydn et Liszt si elles appartiennent au sexe dont je fais l'ornement ! Pendant que nous mijotons, victimes du devoir, dans ce Conservatoire surchauffé, les autres s'égaillent et s'égayent : Maurice Pottecher, ce Tolstoï vosgien, à Bussang où je suis certaine que son « Théâtre du Peuple » prépare des merveilles (Bussang ne peut mentir); le Patron à Bagnoles-de-l'Orne où il a noyé ses rhumatismes.

D'autres juryfient aux concours de musique, s'abreuvent de *Marseillaises* et de discours officiels, rédigent des rapports, comme fit d'Indy après l'inoubliable et délicieux concours de Roanne : oh ! ce concours ! oh ! ce rapport !...

L'âpre Vincent y stigmatisait les polissons qui touchent à l'instrumentation des hommes de génie : « Le temps n'est plus où des malfaiteurs comme Ad. Adam s'arrogeaient la licence de réorchestrer les chefs-d'œuvre de Grétry ou de Monsigny... C'est une faute de lèse-majesté de l'Art, aussi grave que si l'on s'amusait d'aller dans les Musées repeindre les tableaux des Maîtres, sous prétexte qu'il n'y a pas assez de rouge dans tel Rambrandt, ou que le bleu de tel Botticelli n'est point assez éclatant. » (Attrape, Wagner, qui tripatrouillas Gluck et Beethoven!) Et le rapporteur, chinant « l'insipide air de bastringue qu'est l'Ouverture du *Voyage en Chine* », adjurait les orphéons de ne plus hurler « des productions dignes de café-concert, fussent-elles signées de membres de l'Institut. » Ohé! ohé! c'était le bon temps!

Cependant les bouquins s'amoncellent sur mon bureau! Les inquiétants *Frôleurs* lascifs de Jane de la Vaudère ; *En Stupid-Car* du gai Zamacoïs, plus drôle qu'*A manger du foin*, mais privé, lui, des exquis dessins de Guillaume ; l'*Amoureuse de Mozart*, adorable recueil où notre François de Nion (l'auteur des inoubliables *Façades*), parle d'une hystérique chantant, seule, une *Kyrie* à quatre parties, ce qui est malaisé, même pour une hystérique ; la très curieuse étude du comte Fleury, *Louis XV et les Petites-Maîtresses*, toute pleine d'anecdotes piquantes excellemment contées ; le *Malaise de la Démocratie* par Gaston-Deschamps, livre aigu, livre mélancolique et qui fait penser ; le *Pacte*, du renardisant Boulestin, un tout jeune qui promet : « *Pacte animo, generose puer...* » L'éditeur Plon annonce pour la rentrée un *Mariage de Louis XV* auquel Henry Gauthier-Villars travaille depuis quatre ans (drôle d'occupation pour un « auteur gai ! »). Et d'autres volumes, incessamment, m'arrivent, que je suis trop négligente pour mentionner tous, malgré mes efforts herculéens pour venir à bout de mon incurie d'Augias.

23 juillet 1894.

Poignée de nouvelles. — M. Mascagni termine une comédie musicale dont voici les personnages : Alfred de Musset (ténor léger), Pagello (baryton) et, en fait de femmes : Georges Sand (anagramme : grande gosse) ; je suppose que le rôle de Pagello est écrit pour baryton Martin (celui qui monta le mieux). Pourquoi le maëstro ne traiterait-il pas aussi une saynète amoureuse, le *Tzigane et la Princesse*, avec alliciant solo de violon à l'acte du Caramansérail ?

L'exposition d'électricité de Côme, voilà le sujet de cantate élu par il signor Cornaro ; souhaitons-lui l'étincelle du génie, des tonnerres d'applaudissements, et que le public ne l'envoie pas faire « foudre », bien que ce projet semble émaner moins de Côme (Italie) que de Côme (la Lune).

A Bussang triomphe le Théâtre du peuple où mon ami Pottecher « aborde fraternellement la foule par le lyrique truchement des fêtes... » comme le veut, prêtre de la Religion de la Beauté, Charles Morice.

28 août 1899.

Les compositeurs turbinent ferme : Pierre de Bréville fleurit de musique un ballet de Jean Lorrain, d'allure originale et séduisante ; Claude Terrasse bûche sur un livret shakespearien dont j'ai promis à Fernand Mazade de ne pas encore révéler le titre ; Charles Bordes, dit « le Petit Gervais », vient de finir les *Trois Vagues*, drame violent... vague à lames. Paul Dukas irise d'harmonies délicates un conte bleu (et même Barbe-Bleue), de Mæterlinck ; enfin Vincent d'Indy termine l'*Etranger*, œuvre intime à trois personnages, thalassopsychique et très concentrée ; comme chante Louis de Serres, entre deux mouvements du quatuor qu'il lime :

C'est une histoire d'amours
Qui se passe de nos jours

Des naufragés vont périr ; l'Etranger se jette dans le canot de sauvetage et boit une goutte à son tour, mais avant de couler il reçoit pour la première fois, de la femme aimée, l'aveu d'une tendresse cachée jusqu'alors, de sorte qu'il est noyé et content. Comment M. Bruneau s'en tirera-t-il pour démontrer que ces deux actes-là sont un pastiche wagnérien ?

A Béziers, la semaine dernière, le soleil fut brûlant, l'enthousiasme incandescent, Mademoiselle Laparcerie acclamée dans *Déjanire* ; malgré la flasque imbécillité du livret, — vous diriez d'une adaptation de Sophocle par Joseph Prudhomme, — la partition de Saint-Saëns fut triomphalement accueillie par trente mille spectateurs. Il serait (peut-être) trop long de les énumérer tous ; je citerai seulement : prince de Polignac, marquise de Castellane, Jean Lorrain, Ferdinand Hérold, l'éditeur Aug. Durand, quelques sénateurs et députés qui ne valent pas l'honneur d'être nommés, Gustave Larroumet et le compositeur Maréchal, délégué par le ministre des beaux-arts pour complimenter Saint-Saëns (*sic*).

4 septembre 1899.

Ayant lu dans diverses gazettes que le nommé d'Indy avait résolu d'« employer pour son nouveau

drame, l'*Etranger*, le minimum de musique possible », je m'Indygnai d'abord de ces tendances,
puis je finis par où j'aurais dû commencer (c'est
assez l'habitude des femmes) et je téléphonai à
ce compositeur dangereux, pour savoir de quoi
il retournait. Sa réponse, agrémentée des crépi-
tements et des bruits de friture accompagnant
toute transmission qui se respecte, je la résume,
non sans observer que certaines exagérations de
théorie se peuvent expliquer par ce fait que l'auteur de *Fervaal* vient de célébrer à Valence le
centenaire de Pie (ohé ! ohé !) avec sept évêques ;
crosses et festins !

Vous savez qu'aucun abonné de l'Opéra (eût-il
l'oreille aussi fine qu'une « Impression » de Jules
Lemaître) n'a jamais pu arriver, malgré l'attention et la tension les plus soutenues, à saisir un
mot de ce que les sujets du potentat Gailhard
expectorent en scène. Evidemment, l'enseignement du chant dispensé par les professeurs du
Conservatoire que le Kamtchatka nous envie est
pour quelque chose dans ce phénomène, ces Messieurs ayant accoutumé d'enseigner à ne point
prononcer les consonnes, pour mieux dissimuler
les voyelles. (Exemple : le ténor du *Comte Ory*
qui s'obstine à muer les *ei* en *i* partout, notamment dans l'air : « Dame Madeleine, voyez notre
peine »). Mais la vraie raison pour laquelle les
paroles d'un drame restent aussi insaisissables
que les arguments d'une plaidoirie de M^e De-

mange, c'est que l'infortuné chanteur, même s'il articule nettement, n'est pas fichu de dominer à lui seul le fracas des cinq ou six douzaines d'instruments qui râclent et soufflent entre lui et le public. L'inconvénient est mince quand il s'agit de *Guillaume Tell* ou de la *Favorite* (« Dans nos âmes, Par tes flammes, Tu proclames Notre espoir) ; pourvu qu'il voie la pomme sur la boîte crânienne de Gemmi, ou qu'il entende le contralto meugler : « O mon Fernand !...» l'abonné s'en va content ; mais qu'on lui serve une pièce nouvelle, quand bien même la musique en serait digne de Benjamin Godard (le plus grand musicien du siècle, affirme Sa Compétence Reynaldo Hahn), il ne perçoit pas une syllabe du livret, il ne comprend rien, il se rase. Wagner, lui, pas bête, enfouissait son orchestre dans une cave ; mais nos compositeurs n'ont pas de caves à leur disposition, bien que plusieurs d'entre eux soient d'un joli tonneau. Alors, quoi ?

Alors, étant donné que le sujet de l'*Etranger* est intime, voire psychologique ; étant donné que l'action en est absolument intérieure, étant donné que, dans ces conditions, l'auditeur s'embêterait à une thune l'heure s'il ne saisissait dans les coins tout ce que les personnages du drame se racontent ; à ces causes (comme dit la Basse-Cour de cassation), l'auteur distingue deux états : celui où l'acteur peut réciter seul, sans orchestre (ou presque), et celui où, le sentiment intérieur étant inexprimable par des mots, l'orchestre vient y suppléer avec toute sa vigueur et sa passion. Il y aura donc pas mal de silences entre les récitations des personnages, silences à occuper par la musique qui viendra, avant ou après l'élan dramatique, la présager ou la commenter...

11 septembre 1899.

THÉATRE-LYRIQUE DE LA RENAISSANCE. — La *Bohême*, comédie lyrique en quatre actes, de M. Leoncavallo.

Après la *Vie de Bohème* de Puccini, la *Bohème* de Leoncavallo : O Bohême, que d'opéras-comiques on commet en ton nom ! Cependant, narrons celui que la Renaissance vient de représenter avec un plein succès. Une nuit de Noël, Rodolphe et Mimi, Marcel et Musette, Schaunard et Phémie, Colline enfin réveillonnent au café Mômus : la petite fête est troublée par la présentation de la « douloureuse » qu'en 1838 on appelait l'addition. Une querelle s'engage entre les bohèmes indélicats et le patron de l'établissement ; les marmitons accourent au bruit, armés d'ustensiles de cuisine, les soupeurs empoignent diverses pièces du mobilier : déjà les deux partis croisent broches et bâtons de chaises, quand un client, attablé seul dans la même salle, apaise tout le monde en proposant d'acquitter la note litigieuse. Rodolphe et Marcel pourtant — « on a sa dignité » — font quelques difficultés à accepter l'offre généreuse ; Schaunard clôt l'incident à la satisfaction générale en proposant au « mylord » une partie de billard dont les trente-deux francs soixante réclamés par le restaurateur seront l'enjeu : l'autre accepte, le bohème joue et, naturellement, gagne, cependant que Musette chante un duo d'amour avec Marcel, peintre incompris de l'Institut.

Le « mylord millionnaire » qui a soldé la dépense du réveillon est tout simplement précepteur d'un jeune homme riche, le vicomte Paul : il présente son élève à la bande joyeuse et nous les trouvons tous deux, au deuxième acte, parmi les étudiants conviés chez Musette à une soirée brillante. Mais, dans l'après-midi, les meubles de la grisette ont été saisis et transportés dans la cour pour être vendus le lendemain : nos bohèmes ne se troublent point pour si peu : la cour, est élevée pour la circonstance, à la dignité de « salon », et c'est là que, sous la haute direction de Schaunard, les invités tapagent, sans s'inquiéter des protestations des voisins arrachés au sommeil. A la fin, ceux-ci se fâchent : on échange des paroles désagréables, puis des projectiles divers, des coups. Mimi, pendant la bataille, roucoule avec le vicomte Paul, comme

Eva avec Walther, — c'est tout à fait la finale *Maîtres Chanteurs*, sauf la musique, — et s'enfuit avec lui.

.Fini de rire : au troisième acte, Mimi repentante vient implorer le pardon de Rodolphe ; mais ce poète — race irritable ! — la **repousse** et elle part tristement, accompagnée de Musette qui, excédée de misère abandonne aussi le « pinxit » Marcel.

Et c'est de nouveau, au dernier tableau la nuit de Noël : Mimi revient encore dans la mansarde de Rodolphe, haillonneuse cette fois... elle sort de l'hôpital, elle se soutient à peine, elle meurt.

Personnellement, je goûte peu la musique telle que M. Leoncavallo la comprend ; loyalement, je dois en constater l'immense succès (si l'on tient compte de la différence des latitudes, les salves d'applaudissements d'hier soir équivalent presque aux vingt-trois rappels qui signalèrent la première représentation au théâtre vénitien de la Fenice. Comme ces deux constatations, toutes nues — mon aversion et ce triomphe — constitueraient un compte rendu trop maigre, tâchons à les habiller un peu.

L'œuvre du compositeur italien s'efforce de suivre exactement le mouvement dramatique, avec une minutie un peu enfantine, dont les tâtillonnages, quelquefois ingénieux, s'éloignent considérablement — quoi qu'en puissent penser les prôneurs de M. Leoncavallo — de la libre interprétation musicale qu'il se figure emprunter à Wagner. Je m'excuse de citer — Lui toujours, Lui partout — le Titan de Bayreuth ; mais la faute en est à ces jeunes compositeurs italiens qui se réclament de l'inspiration tétralogique, alors qu'ils ne font que suivre la voie ouverte par leur glorieux maître Verdi de qui le *Falstaff* hypnotise toute l'école « vériste » des Mascagni, Puccini, Leoncavallo *e altri*.

Chez l'auteur de la *Bohème*, comme chez tous ses congénères, c'est — au lieu de l'atmosphère musicale que le « Tondichter » du *Ring* s'entendait merveilleusement à créer autour de son drame, — c'est un perpétuel papillotage instrumental procédant par petites touches répétées, avec une fatigante multiplicité de menus soulignements orchestraux qui, loin de fixer l'attention de l'auditeur, la dispersent le plus souvent. Apparemment le compositeur semble répudier les antiques divisions en airs distincts et renoncer à l'usage du « catalogue des morceaux séparés », si apprécié de l'éditeur ; en fait, à suivre l'œuvre attentivement, on constate vite que la mode traditionnelle des « numéros » à effet reparaît à chaque acte, pour la plus grande joie du public. Illusoire aussi, la prétendue utilisation des thèmes significatifs ; leur juxtaposition n'a rien de commun avec le système logique, et si fécond en résultats, du leitmotif wagnérien ; je n'ai pas à en féliciter l'auteur, ni à l'en blâmer : tel opéra vieux-jeu, avec cabalettes surannées, chanson à boire, marche militaire, etc., me paraîtra toujours supérieur (pourvu que le compositeur ait quelque talent) au plus servilement wagnérien des drames lyriques, pavés de leit-motifs bien intentionnés, que nous envoie par charretées l'Allemagne moderne.

En revanche, (abstraction faite du bayreuthien motif du Feu, représentant ici les ardeurs du quartier Latin, et aussi de l'oiseau de *Siegfried* qui voltige au commencement du *deux*), je regrette que les thèmes de la *Bohème* soient trop souvent de qualité inférieure, en dépit de l'adresse avec laquelle M. Leoncavallo **sait** les « servir » ; adresse superficielle, d'ailleurs, car, malgré l'emploi du chromatisme prodigué jusqu'à l'agacement, la trame harmonique demeure assez lâche, débarrassée pourtant de l'abus des mouvements conjoints, si gauchement monotones chez M. Puccini.

Sous ces réserves, il convient de louer la qualité maîtresse, indéniable, de ces Italiens modernes : le mouvement, parfois la vie. Leur œuvre marche avec des gesticulations souvent exagérées, mais elle marche, elle va droit au **but**, sans jamais s'endormir en route. C'est quelque chose, c'est beaucoup : à ce titre, tout le second acte, avec ses chansons, ses cris, sa cantate comique, est d'une turbulence enfiévrée dont on ne saurait sans injustice méconnaître la gaieté qui désarme. J'ajoute que M. Leoncavallo, ne voulant pas recommencer les effets d'émotion poignante réussis dans ses *Pagliacci*, a surtout insisté sur les côtés comiques de la Bohème, qu'il a soulignés avec beaucoup de verve heureuse ; la partie joviale deux fois plus développée, est aussi deux fois mieux venue que l'autre. Nul ne s'entend comme lui à enjoliver de musique les castilles de cette gueusaille ; mais M. Puccini reste supérieur dans les agonies de fleuristes qui s'en vont de la poitrine.

L'orchestre s'est distingué : M. Rey, qui le lance avec robustesse, ne pourrait-il à l'occasion tempérer ses bois enclins aux excès de sonorité, par exemple dans l'accompagnement de la déclaration débitée par Marcel (M. Leprestre, plein de feu) ? Mademoiselle Frandaz et ses dents blanches, le metteur en scène et ses décors, on a tout et tous applaudis, même les couplets de « Mimi Pinson » défigurés jusqu'à l'extravagance (pauvre Musset !) et détaillés par Madame Thévenet, très convaincue ; même la ballade du désesperé, que barytonne M. Ghasne avec plus d'émotion que de solidité ; surtout M. Soulacroix, admirablement grimé, et qui compose un Schaunard pour qui toutes les spectatrices de la Renaissance ont les yeux de Phémie.

11 octobre 1899.

Des lecteurs méfiants, qui devraient bien user de drogues antis(c)eptiques, m'écrivent avec des précautions dubitatives : « N'est-ce pas, c'est une blague, ces 360 Concerts que l'Ouvreuse annonce devoir être donnés par M. Colonne, en l'espace de six mois ? » Non, ce n'est pas une blague, tas de saint Thomas ! On construit déjà la salle au Vieux-Paris ; elle contiendra 1,800 places, elle sera pourvue d'un grand orgue, et l'habile chef d'orchestre du Châtelet accueillera (je le cite) « les productions françaises sans dinctinction décole et les productions étrangères sans distinction de nationalité » ; car il est éclectique autant qu'éclairé ; ah ! les torrents de lumière que versera, sur ses obscurs blasphémateurs, cet éclairage éclectique !

*
* *

Dans une revue musicale, ou se croyant telle, un tard-venu qui se dit pianiste (il n'y a pas de quoi se vanter) et qui signe *Iracundus* (peut-être un pseudonyme...) me traite de mauvaise patriote — moi qui suivais les séances de Rennes coiffée d'un bonnet aux rubans tricolores ! — parce que, prétend ce coléreux, « j'écrase, au profit de Wagner, les conquêtes de la musique française, Gounod, Bizet, Saint-Saëns, Massenet... » Mon Dieu ! oui, il paraît que, comme dans la chanson,

> J'écras' des conquêtes,
> En m'asseyant d'ssus !

Précisément, ce brouillon bouillant cite quatre musiciens français de qui je n'ai jamais, au grand jamais, nié les mérites dissemblables. Que je préfère la Tétralogie à la *Reine de Saba* et *Tristan* au *Mage*, je l'avoue ! mais, loin de refuser du talent à MM. Massenet et Saint-Saëns, j'ai souvent été tentée, au contraire, de leur en trouver trop... Cela pourrait, d'ailleurs, sembler d'intelligence malaisée à Iracundus, et je n'insiste point. Qu'il sache seulement que jamais un musicien de quelque valeur pour peu qu'il se mêle d'innover, n'échappera au reproche de wagnérisme, inéluctablement jeté à la tête de tout chercheur par les tartalacrémeux de la critique rétrograde, pianistes furibards ou compositeurs sifflés : je ne parle pas seulement de Saint-Saëns, aujourd'hui bayreuthophobe, et qui fut écrasé, jusqu'à son apostasie, par l'accusation de wagnéromanie aiguë, mais Gounod n'y put échapper non plus : dix ans après l'apparition de *Faust*, Blaze de Bury, le Camille Bellaigue d'alors (infiniment moins documenté que le nôtre), stigmatisait encore, en pleine *Revue des Deux Mondes*, je ne sais quel relent de « mélopée wagnérienne » subodoré (où ? je vous le donne en mille...) dans l'Air des Bijoux !!! Bizet, lui, passait pour vouloir arracher — dans *Carmen !* — des fleurons de la couronne de Wagner. Et le triomphant auteur de *Cendrillon*, Massenet lui-même, savez-vous ce que sa *Manon*, sa jolie *Manon* séduisante, fit dire à Jouvin, musicographe bâté, mais alors en renom ? « Cette musique vient d'Allemagne ».

Je n'ai, d'ailleurs, ni la prétention ni le désir de convertir les pianistes en rogne, et je laisse Iracundus plaquer sur l'ivoire ses nénies encolorées... *Dièze iræ!* comme dirait le latiniste André Beaunier, homme subtil qui a réussi ce tour de force d'écrire le Roman d'une famille bourgeoise pendant l'Affaire, les *Dupont-Leterrier*, d'une plume assez fine pour ne froisser ni dreyfusards, ni antidreyfusards, désarmés par le rire qui émane de ce livre délicieux.

16 octobre 1899.

Les gens sont inouïs ! Tous les matins, l'homme de lettres que je vois le plus souvent, mon facteur, m'apporte des monceaux d'épîtres quémandant des places pour la représentation de *Tristan et Iseult*, « de préférence pour la première, ma petite Ouvreuse ». J'ai déjà reçu trente-quatre demandes de femmes et trente-cinq lettres d'hommes, en tout soixante... et quelques.

Or, des places, je n'en ai pas, même pour moi. Le patron, l'impitoyable patron, me les a refusées, avec un aimable sourire, c'est vrai, mais enfin il me les a refusées, sous prétexte que la location — grâce surtout à la comtesse Greffulhe — s'annonce déjà formidable. C'est très cher, un fauteuil, donc très chic. Les sémites se jettent dessus : « Ma chère, la Société des grandes auditions patronne cela. Meyer ira, j'irai, irez-vous ? — Certes, j'irai. » Elles iront, vous dis-je. Et nous autres, mélomanes déchardes, nous resterons chez nous, à feuilleter la partition. Ainsi va le monde. Espérons que le jour approche où les juifs du *Siècle* rendront gorge. le jour qui *solvet* « *Saeclum* » *in favilla*... Depuis le temps que j'attends !

Pendant qu'il était en veine de refus, Lamoureux l'hermétique m'a également envoyé dinguer quand j'ai sollicité de lui quelques tuyaux relatifs aux répétitions. Seulement, je l'ai prévenu, on ne peut rien cacher à l'Ouvreuse. Elle sait à merveille que le fameux ténor masqué n'existe pas, l'homme du monde annoncé de qui d'astucieux *Prière d'insérer* vantaient, indiscrets savamment, « le jeu plein de flamme et la voix charmante encore qu'un peu fragile ». (Fragilité, ton nom est flamme !) Et c'est aussi des racontars de reportières que la découverte de ce berger grenoblois, prétendument faite par le patron au dernier moment, — la flèche du Pâtre, — de ce gardeur de gigots vivants lançant des *ut* de poitrine foudroyants à travers le département de l'Isère... Est-ce bien dans l'Isère, Grenoble ? Oui. Moi qui ai eu mon brevet supérieur, je suis à ce point démantibulée par l'amnésie que, pour me rappeler mes préfectures, je dois recourir aux alexandrins mnémotechniques :

Lise erre, sans trouver époux à son *gré-noble*...

Donc, assez de blagues ; « chansons que tout cela » disait le fabuliste, par allusion au « potins comme chansons » ; ces cancans sont aussi faux que la nouvelle de la venue à Paris de Cosima Wagner ; pas de ténors inédits, raca sur l'homme du monde, et zut au berger !

Tristan, ce sera le brave Gibert, revu et transformé par les soins de M. Lamoureux, qui s'est pris de passion pour son courage, un courage que Van Dyck n'a pas montré (épouvanté à l'idée de jouer intégralement ce rôle effroyable), ni Jean de Reszké non plus, le beau Jean, désormais très ménager de ses forces, et qui, malgré ses promesses formelles, — quand je vous dis, Patron, que je sais tout, — au dernier moment, flancha.

Oui, mes enfants, *Tristan* sera joué tel qu'il a été écrit ! (C'est au point qu'un alto a été congédié, sous prétexte qu'il s'était entaillé le doigt avec son canif, par le Patron dont le mot d'ordre est : « Pas de coupures ! ») Ainsi le veut et l'or-

donne — contrairement au vœu de l'auteur qui,
lui, avait indiqué à Hermann Lévi certaines
suppressions — ainsi le décrète la veuve Wagner, intransigeante et raseuse. De sorte que le
premier acte durera une heure vingt minutes ;
le second acte, une heure et quart ; le dernier,
une heure dix ; ajoutez à cela des entr'actes de
vingt minutes, indispensables aux chanteurs
qui, sans ce repos, seraient immanquablement
claqués, et vous comprendrez que les représentations doivent commencer à sept heures quinze,
exactement. Or, et c'est ici que je me gondole,
or l'entrée du Nouveau-Théâtre consiste en un
seul couloir ; or le Patron a juré (comme un
templier) que « l'entrée et la circulation dans la
salle seront *ri-gou-reu-se-ment* interdites pendant la représentation »... Il y aura là une
partie de la garnison de Paris, baïonnette au
canon, chargée de maintenir la consigne ;
M. Lamoureux aurait désiré de l'artillerie, il n'a
pu en obtenir... La morale de cette histoire,
c'est que les wagnériens désireux de voir le
premier acte de *Tristan* feront bien d'arriver
dès six heures du soir, avec du saucisson dans
leurs poches, comme les gilets rouges de la
première d'*Hernani*. Seulement, pour Dieu !
qu'ils se munissent de charcuterie inodore, sans
ail, sinon le Patron, de désespoir, s'arrachera
les cheveux, et je serais obligée de lui prêter ceux
que j'ai en trop.

10.

Révélerai-je que plusieurs répétitions furent humides ? Toutes les Iseult, toutes, se désolaient : Madame Litvinne pleurait, madame Pacary sanglotait, mademoiselle Janssen trempait quatre mouchoirs par acte, si bien que le terrible mais facétieux chef d'orchestre, un jour particulièrement lacrymatoire, ouvrit son parapluie...

Conclusion : Chaque représentation revenant environ à 25,000 balles, le patron, à qui *Lohengrin* a coûté 300,000 francs, va perdre encore quelques billets de mille avec *Tristan*. S'il monte jamais la Tétralogie, il lui faudra se faire inscrire à l'Assistance publique.

13 octobre 1899.

THÉÂTRE DE L'OPÉRA-COMIQUE — *Javotte*, ballet en un acte et trois tableaux, de M. J.-L. Croze, musique de M. Camille Saint-Saëns.

Voltaire a parlé quelque part des ruisseaux clairs, parce que point profonds. Le livret de *Javotte* est incroyablement clair, et je ne crois pas qu'il ait coûté beaucoup de veilles, ni de très longues, à M. J.-L. Croze : une jeune Nivernaise, Javotte, est allée rejoindre à la fête du village, Jean, son amoureux ; retrouvée par ses parents et enfermée à double tour dans la maison familiale, elle se sauve par la fenêtre, arrive au bal au moment où le jury délibère sur le choix d'une reine de la danse, concourt, triomphe et reçoit une bourse, grâce à quoi elle fléchit l'ire paternelle et obtient d'épouser Jean. C'est tout.

La musique de M. Saint-Saëns semble, par moments, soucieuse de lutter de limpidité avec ce poème, si j'ose m'exprimer ainsi, et tels passages semblent des fragments de sonates de Clementi, orchestrés sagement. Par fortune, ces pastiches grêles n'occupent que peu de place et l'habileté coutumière du maître français s'exerce heureusement en maint endroit : au reste, il n'a pas eu la prétention de donner, en cette paysannerie, un pendant à *Samson et Dalila*, mais seulement d'écrire, en manière de jeu, sur un sujet de ballet léger, même ténu, de la musique jolie.

Il y a cependant, en cette partitionnette, des thèmes conducteurs (dût cette constatation navrer l'ennemi personnel du leitmotiv, le critique musical de la *Revue des Beaux-Arts*... celui qui juge cette ratatouille mecklembourgeoise, *Martha*, égale aux lieds de Schubert) : il y a la chanson des *Deux Gendarmes*, par exemple, et feu Nadaud doit tressaillir d'orgueil en sa tombe, s'il entend, hommage imprévu, ce refrain de maréchaussée, modifié avec une ingénieuse souplesse, souligner les diverses apparitions du garde champêtre ; il y a l'arrivée, en motif fugué, des vieux parents, d'autres encore...

Composée il y a trois ou quatre ans, l'œuvre fut d'abord destinée aux Folies-Marigny, qui ne doivent pas se consoler d'avoir manqué pareille aubaine, puis représentée à Lyon, sous la direction de M. Vizentini, devenu l'excellent régisseur de M. Carré. Celui-ci connut *Javotte*, en voyage, à la Scala de Milan, s'en éprit et engagea, pour la créer à Paris, mademoiselle Santori, élève de l'École de Milan, elle aussi, déjà applaudie chez la nation-sœur à Saint-Pétersbourg. Le ballet de MM. Croze et Saint-Saëns fut joué, en outre, à Bruxelles, Gand, Angers, Toulouse, Rouen, Barcelone... On le voit, comme tous les ouvrages qui ont eu du succès à Paris depuis quelque temps (comme les *Bohème* diverses, comme *Cavalleria*), la française *Javotte* revient de loin. Espérons que les voyages auront porté bonheur à sa jeunesse.

Il faut louer très vivement madame Mariquita, qui a tout réglé de façon vivante, gaie, claire ; Jean, c'est la souple Chasles, adorable. Mademoiselle Santori, jeune et mignonne Javotte, a de jolies choses, notamment l'attente énervée de ses petits pieds impatients, cependant que, prisonnière au logis, elle s'efforce de tricoter, des doigts. Les grimaces du vieux père, accordant son pardon, au premier tableau, à condition que Javotte rentre à la maison sans retard, — après s'être fait un peu prier pour la forme, —

accompagnées d'un élégant solo de violon, ont été plaisamment mimées par M. Price. Enfin, l'entrée en scène comique de la fanfare des pompiers, casqués de cuivre et pantalonnés de blanc, a beaucoup diverti le public, et aussi le finale, rendu champêtre par l'introduction de pistons villageois lançant leurs gammes ascendantes en tierces, farauds.

24 octobre 1899.

NOUVEAU-THÉATRE. — *Tristan et Iseult*, de Richard Wagner, traduction d'Alfred Ernst, complétée par MM. L. de Fourcaud et Paul Bruck.

Simplifions l'affabulation, déjà simplifiée par Wagner, de *Tristan et Iseult :* Iseult, fiancée, puis femme du roi Marke, aime Tristan, qui l'aime aussi. Un traitre les surprend occupés à se prouver leur réciproque tendresse, prévient le mari, blesse l'amant à mort. Lors, Isolde expire sur le corps de Tristan.

Nous ne parlerons pas, si vous le voulez bien, des sources auxquelles Wagner a puisé sa légende armoricaine. Laissons aux chroniqueurs fraîchement informés qui fréquentent Francisque Michel et Gaston Paris à travers Larousse, le soin d'énumérer avec des airs connaisseurs Luce

de Gast, Eilhart d'Oberge et Gottfried de Stras-
bourg, sans parler d'autres moins célèbres.

Nous ne nous attarderons pas non plus à ces
effroyables recensements de leitmotifs tels qu'en
réalisa la patience d'un bénédictin laïque, édité
par Fischbacher, M. Charles Cotard, — pour ne
citer que le plus érudit, — qui, rien que dans la
première scène, distingue : le motif de la douleur, le motif de la souffrance, le chromatisme
de la souffrance, les notes de la souffrance, les
notes plaintives, les notes d'angoisse, d'autres
notes encore !

Et nous n'imiterons pas davantage les com-
mentateurs de qui le lyrisme s'épanche en gloses
aventureuses, — éloquentes parfois comme celles
de Nerthal, — invoquant à propos de *Tristan et
Iseull* le Cantique des Cantiques, les Conférences prêchées à Notre-Dame par Mgr d'Hulst,
et surtout, ah! surtout, le sempiternel Schopenhauer! Depuis que je sais lire, je m'assimile,
avec une stupeur sans cesse accrue, d'inlas-
sables gloses qui proclament *Tristan* le corol-
laire musical du *Monde comme force et comme
représentation* : j'en infère que les empileurs de
ces exégèses ignorent ou le drame lyrique ou
l'ouvrage philosophique, ou les deux. Car enfin
(sans préjudice de l'impossibilité d'emmusiquer
les concepts d'Arthur qu'y s'y prêteraient aussi
malaisément qu'une table de logarithmes), le
désir de l'Amour et le désir de la Mort, sur quoi

repose toute l'action, impliquent l'affirmation du vouloir, partant s'avèrent directement opposés à l'éthique de Schopenhauer. Alors, quoi?

Aussi bien, ce luxe fourvoyé de rapprochements philosophiques a surtout pour résultat, sinon pour but, d'amener les tenants du théâtre vieux jeu à protester contre la musique « métaphysique » de Wagner et la prétendue subordination, ici, des faits aux idées : de là à déclarer les amours de Tristan et d'Iseult « platoniques » — prononcez ennuyeuses — il n'y a qu'un pas : beaucoup l'ont franchi. Qu'on me permette de réfuter cette assertion simpliste par une citation de mon ami Jacques Lemaire; assurément, il ne nie pas « le chant rythmé de deux âmes qui disent la douceur et l'amertume de leur illusion, qui confessent la mutuelle erreur de leur conscience, se complaisent avec un raffinement cruel dans l'exaltation de leur commun malheur et qui, dans leur extase enivrée, aspirent à l'anéantissement dans la nuit, « dans l'éternelle nuit où cesse tout mensonge », mais cet emportement de passion furieuse par lequel débute la scène, ces cris inarticulés hoquetant comme des spasmes, cette musique enfiévrée et sensuelle, cet enlacement muet sur le banc, sous la haie parfumée de l'églantier qui s'étend au-dessus des amants comme une alcôve fleurie, cet anéantissement précédant l'appel de Brangæne veillant dans la nuit, tout cela pourra difficilement passer pour de pures aspirations ou pour de la métaphysique ennuyeuse...

Longtemps la partition fut tenue pour incompréhensible ; je ne parle pas seulement des Comettant, des Pougin et autres prédécesseurs du comte Boselli ; mais Reyer, esprit lucide s'il en fut, confessait éprouver au milieu du duo d'amour « cette folle rage de l'enfant qui, désespérant d'apprendre le leçon qu'on lui a donnée à étudier, trépigne et pleure, ferme son livre avec colère et le jette loin de lui ». Et Berlioz, Berlioz lui-même ne voulait voir dans le Prélude qu' « une sorte de gémissement chromatique, rempli d'accords dissonants, dont les longues appogiatures, remplaçant la note réelle de l'harmonie, augmentent encore la cruauté ». Que les temps sont changés ! Un de nos plus aimables confrères, M. Kerts, écrivait en 1885 : « Cette musique rendrait la rage aux pauvres enfants que M. Pasteur a guéris » ; aujourd'hui il constate loyalement que « Wagner a pu chanter l'amour en des accents inconnus avant lui ». Tous, à présent, mettent de l'eau du Rhin dans leur piquette française ; tous vont de l'avant.

Dieu me garde de les en railler ! Je les envierais plutôt, moi qui fais machine en arrière,... on m'excusera de parler de moi, mais, de bonne foi, je ne puis donner ici que mes impressions personnelles, car je ne conçois la critique, cette année, que subjective. J'ai vu *Tristan* bien sou-

vent à Bayreuth, à Munich, il y a deux mois
(ignoblement représenté d'ailleurs), avant-hier à
la répétition générale (où les instrumentistes de
M. Lamoureux se montrèrent admirables); j'en
sors, il est plus d'une heure, toute éblouie d'une
interprétation orchestrale plus prodigieuse encore que celle de jeudi : je n'y puis rien, mais
plus j'entends cette œuvre extraordinaire, moins
je l'aime.

Chez elle, des obscurités m'inquiètent : à force
de condenser les poèmes originaux, Wagner
rend son livret parfois difficile à comprendre ;
sans nul doute, il a songé d'abord à donner du
relief au personnage de Melot, — si légèrement
silhouetté dans la version définitive que son rôle
devient presque inintelligible. Puis, un prologue
s'imposait, qui nous aurait appris sans hâte, sans
bousculade, les ravages de Morold, sa défaite
par Tristan, la blessure reçue par le vainqueur
et son voyage sous un faux nom pour obtenir
d'Isolde la guérison, son insistance auprès du
roi Marke qu'il persuade de demander la main
de la fille d'Irlande, amenée en Cornouailles par
ses soins... tous les événements narrés par le
bon Gottfried en onze mille vers — ce qui est
beaucoup — et résumés par Wagner en soixante,
— ce qui n'est pas assez.

Et que d'invraisemblances ! Comment admettre
que Tristan, « miracle de chevalerie », ne coupe
pas la parole (tout au moins) à Kurwenaal quand

ce rustre lance au visage d'Isolde d'insultants
couplets? Comment admettre que le roi Marke
trouvant sa femme pâmée sur le cœur de Tristan,
se contente (sur un thème d'ailleurs admirable
exposé par la clarinette basse) d'exhaler une lamentation vénérable et prolixe, sans même un
mouvement de révolte quand le séducteur, pour
toute excuse, offre à Isolde de l'emmener? Comment admettre, au dénouement, l'erreur de
l'écuyer prenant les amis pour les ennemis, et ce
combat puéril qu'un mot de Brangœne aurait pu
éviter? Les wagnériens me répondront : « Et
Shakespeare? » L'argument ne suffira pas à me
convaincre.

Achevons de nous déshonorer : l'indécision du
style de *Tristan* est parfois agaçante, qui hésite
visiblement entre le chromatisme et l'italianisme,
entre le dialogue et le cantabile (seul le puissant
Crépuscule des dieux abonde en tels disparates),
beau défaut, d'ailleurs, qui nous vaut les admirables emportements d'Isolde fiancée de Morold
et hantée par Tristan, envols de névrose et de
fièvre, splendidement insoucieux de l'anachro-
nisme sur cette nef archaïque d'un siècle bar-
bare...

Mais ni les longueurs germaniques, ni l'absence d'unité qui superpose à d'intenses complications harmoniques des fragments d'imprévues
mélodies transalpines, ni l'abstraction de la
poésie, ni les acides intervalles de septième réa-

lisés (duo du deuxième acte) par les deux voix du ténor et du soprano, ni le manque de couleur locale, ni le prix des places, ne découragent l'admiration des snobinettes à qui, décidément, Massenet ne suffit plus. Tout à l'heure, j'en entendais deux, deux fort jolies personnes, échanger leurs impressions après le duo forcené où, sur un geste du bâton magique brandi par Lamoureux, les thèmes convulsifs s'essoraient, clamant la mort d'amour, les ténèbres complices, l'extase dernière, avec des sonorités fulgurantes. Pensez-vous, Catulle Mendès, que ces pintades aristocratiques se sentaient comme vous « envahies par la douce et formidable éruption d'amour » ? Point : elles gloussaient : « C'est charmant ! »

En dépit de ces réserves dictées, non par la mauvaise foi, certes, mais peut-être par la mauvaise humeur, il m'est impossible de ne pas constater, et ce avec une joie profonde, que le succès remporté par M. Lamoureux a été énorme. Pour blâmer certaines incompétences, mondaines ou autres, de se ruer au Nouveau-Théâtre mues uniquement par la Mode, je n'en reconnais pas moins que la perfection obtenue par l'éminent chef d'orchestre justifierait les plus frénétiques empressements. Mon voisin de fauteuil, M. Edouard Colonne, déclarait : « Les Berlinois, chez qui je viens d'entendre *Tristan*, n'approchent pas d'une pareille interprétation ».

Le ténor Gibert avait faibli, lors de la répétition générale, sous ce rôle écrasant; hier soir, plus adroitement ménager de ses forces, il nous a donné un Tristan de fière allure, applaudi de tous. Son fidèle Kurwenaal reste un peu pâle. Madame Brema est une Brangœne discutée, comme toutes les artistes intéressantes; on peut n'aimer pas sa méthode allemande d'attaquer la note en dessous, mais son constant souci des nobles attitudes vaut qu'on la loue, comme aussi l'ampleur mélancolique dont elle a su élargir son chant d'appel qui vibre sur le frémissement des harpes, angoissé, inentendu des amants. M. Vallier est un roi de belle tenue et de belle voix.

C'est à madame Litvinne, chanteuse exquise et vraiment supérieure pendant tout le second acte, que je m'en prendrai — vieil admirateur d'Alfred Ernst — de ne pouvoir apprécier la traduction (excellente si égale à celle du *Ring*) que complétèrent MM. Louis de Fourcaud et Paul Bruck. Hoffmann voulait qu'un livret pût être compris « des spectateurs mêmes qui n'entendraient pas un mot de ce qui se chante sur la scène ». Madame Litvinne a trop lu Hoffmann.

29 octobre 1899.

Au Châtelet, toutes les auditrices croient, dur comme fer, avoir assisté à la triomphale repré-

sentation de *Tristan* samedi soir : « Vous y
étiez, ma chère ? — Certes, j'ai vibré comme une
chanterelle pendant ce trait convulsif des violons qui figure la torture enivrante du philtre.
— Est-elle magnifique, cette Litvinne, palpitante quand elle entend son amour bruire dans
le frisselis du ruisseau, dans le chuchotement
des feuilles, dans les décroissantes sonneries de
la chasse lointaine ! — Et Gibert, avec quel bel
accent de passion fiévreuse, au troisième acte, il
a gémi son appel vers le navire de sa vision, ra-
menant Isolde porteuse du breuvage d'amour...
quand le *Liebesschlummer* frémit aux cors voi-
lés, si tendre ! » Ah çà ! est-ce que ces dames se
mettraient à aimer pour tout de bon la musique
de Wagner ?

En tout cas, elles ne ménagent pas non plus
leurs applaudissements à celle de Saint-Saëns.
Pour le compositeur de *Javotte*, pour l'écrivain
des *Portraits et Souvenirs* que la « Société artistique d'édition » prépare (chut !) dans le plus
grand secret, quel tonnerre de bravos, quel ouragan d'enthousiasme ! Quelle tempête d'acclamations, ah ! foudre oui ! La comtesse d'Eu, la
princesse Bibesco, la marquise de Villers, la
baronne Pochet de Tinan, c'est à qui déchirera
ses gants ! Très ému (du moins je le suppose,
car ça ne se voit pas du tout), le Maître s'installe devant un Pleyel et, avec la complicité de
Diémer, entame son grand Duo pour deux pia-

nos qui, composé pour harmonium et piano, ne réussit guère en 1859, et, quarante ans plus tard, ne me paraît pas beaucoup plus passionnant, assaisonné selon les formules de « l'Art d'accommoder les *vestes* ». Le programme révèle que l'œuvre est dédiée au créateur du piano double, à Édouard Lyon. (Pourquoi Édouard ? Il faudra que je demande à M. Gustave Colonne). Que vous dire encore ? La Fugue ressemble à celles de Bach comme Parodi à Corneille ; on bisse le gentil scherzo (*fa dièze mineur ;*) les exécutants saluent, et recommencent docilement, mais l'un prend le commencement du morceau, l'autre la dernière reprise, ce qui produit des harmonies imprévues. Le banquier Vidal Naquet sourit en reconnaissant au passage un fragment du *Carnaval des Animaux*, la Marche du Lion (Gustave et non Édouard). Tout de même, ils ont du talent, ces deux pianistes là ! Si je pouvais jouer comme Diémer... ou seulement comme Saint-Saëns ! Mais ça ne sera pas encore pour cette année, j'en ai peur.

Un monde vésanique ; dans chaque couloir des fauteuils de balcon, cent mille personnes s'empilent héroïquement ; mademoiselle Artus offre cinquante louis pour un strapontin sans l'obtenir. La salle regorge de pianistes : Cortot, Stojowski, Wurmser, accoté contre l'ami Parent, des tas d'autres. La chaleur détrempe les plus fiers courages et les cols de chemise les mieux amidonnés ; le décorateur Jusseaume fond en eau, l'ingénieur Zaleski ruisselle, l'ex-ministre Barthou s'éponge, Gabriel Marie se change en fleuve, Bernédé lance des regards éplorés à son confrère J.-L. Croze (Javotte pour les intimes), et l'explorateur Foa regrette les fraîcheurs africaines, ma foa oui !

Voici la *Suite algérienne*, chère au Concert Rouge, connue de tous, popularisée par l'exquis arrangement à quatre mains de Gabriel Fauré, jouée à ravir, charmante ; le docteur Kopff, à qui Saint-Saëns l'a dédiée, se dissimule (violette, va !) derrière Auguste Durand, et la « Rapsodie mauresque » incite toutes les auditrices à danser du ventre... (*O tempora ! O mauresque !*)... cependant qu'un motif à deux temps sautille, emprunté par l'auteur à un mendigot nègre qui s'épuçait dans les rues d'Alger, *ré mi ré, si si si...* c'est, si je me rappelle bien, du *si mineur* sans *la dièze*. Puis un thème languide, évocateur d'onduleuses moukères, s'anime, s'enfle, tourne au tumulte, et une fervente de la maréchale Booth murmure : « L'almée du chahut ! »

Je le déteste, ce *Scherzo* pour deux pianos, depuis le vendredi saint de 1892 où je l'entendis (un soir que madame Krauss fit merveille, M. Diémer s'en souvient-il ?), cet incohérent tripotage construit sur un accord de triton, avec, dans le milieu du morceau, une gorgée d'orgeat (*ré bémol*) à la Benjamin Godard, écœurante, pouah !

De l'exquise suite sur *Namouna*, je parlerai lundi prochain, espérant que quelques répétitions supplémentaires ne lui nuiront pas. On sort ; j'aperçois le baron d'Eichtal, le comte de San Martino, le baron de Montesquieu, et une dame nantaise répondant au nom d'Eddy qui me taquine dans la *Fronde* ; agréable d'ailleurs, l'Eddy de Nantes.

30 octobre 1899.

Concert Colonne, concert d'Olonne, auquel entendre ? Commençons par le Châtelet ; au lieu de l'ouverture de *Patrie*, — chère au capitaine de Lallemand, mais qui me fait l'effet d'un discours pompeux-pompon de Louis Blanc, — j'espérais ouïr, mieux jouées que dimanche dernier, les trouvailles de *Namouna*, musique délicate et difficultueuse avec laquelle il est périlleux de prendre des libertés, *Lalo periculosam libertatem*, dirait notre Jules Lemaître.

Voici cet amour de Jacques Thibaud qui nous revient de Bruxelles (tout pâlot, sans doute de sa nuit en chemin de fer) où il a fanatisé les mélomanes du Concert-Ysaye avec la *Havanaise* de Saint-Saëns qu'il reviolone aujourd'hui, suavement, accompagné sans prestige par M. le sous-chef Laporte... car M. Colonne est en train de séduire Barcelone, et les Catalanes ne jurent plus que par leur bel Edoardo. Ce Jacques vous a une manière d'exécuter les *glissando* de tierces ascendantes, je ne vous dis que ça ! Aussi, succès fou ! Quatre rappels ! On applaudit cette languide rêverie cubaine aussi fiévreusement que *Tristan*, et, je le crois, de meilleure foi, car nombre de néo-wagnériens se connaissent en musique comme le procureur Bernard en complots, comme Doumic (mon vieil ami Doumic) en humour, comme le juif Busnach en littérature, comme le juif Reinach en patriotisme.

Attention ! Guy Ropartz monte au pupitre ; son système pileux fascine les dames qui trouvent que du côté de sa barbe est la toute-plaisance. Il conduit (avec une autorité puissante et tranquille) sa magnifique sélection de *Pêcheur d'Islande*. Admirons, mes sœurs, dans « la Mer d'Islande », la prenante mélopée du cors anglais chantant sur les ondulations berceuses des cordes, et ces bois qui, l'un après l'autre, reprennent des phrases inachevées, comme un rêve d'amour qui ne se réalisera jamais... La « Scène d'Amour », c'est, sur une pédale des cordes graves, les violons jasant comme un chœur printanier ; le cor dit sa robuste phrase et les violoncelles enamourés lui répondent: puis

sur la fièvre des tendresses tombe la nuit pacifiante... Les « Danses » ravissent, de rythmes
adorables, leur vivacité croissante éclatant jusqu'à une ivresse de fêtes. Bravos solides ; au
poulailler, une discussion chahute ; on crie : « A
la porte ! » Sans doute un hommage au second
de M. Colonne, glisse Gustave Lyon, optimiste,
dans l'oreille amusée de Jacques Durand, fils
d'Auguste.

Mêmes morceaux de Saint-Saëns que dimanche dernier, et même succès. Le grand
scherzo roublard est joué en perfection par
Diémer et son poussin Cortot, mais ferait plus
d'effet sur un piano-double ; le sculpteur Soldi
constate que le pianiste brun, quand il ne gratte
l'ivoire que de la dextre, laisse sa senestre pen-
diller jusque sous sa chaise ; on regarde beaucoup la fine Mastio, future Angiola de *Proserpine*, qui fut délicieuse à l'Institut hier,
m'assurent les gens assez influents pour être
invités à ces solennités. L'éditeur Costallat,
pensif, regagne sa demeure, l'éditeur Vieille-
ville aussi, et Tiersot iton, qui fume un conchas
au nom pléonasmatique.

Malgré le soleil retour d'Austerlitz, des auditeurs nombreux, académiques et enthousiastes
— le vieil Hébert aux cheveux d'argent ; Roujon, de qui le binocle étincelle ; Massenet, tout
à tous ; Engel, venu pour apprécier le galoubet
de Rousselière ; des tas de musiciens charmés

par mademoiselle Lovano — fêtent la *Vision de Dante* avec laquelle M. Max d'Ollone vient de décrocher le prix Rossini, qu'il n'a pas volé ; car enfin, que doit faire un musicien pour mériter ces trois mille balles destinées à perpétuer le nom du « singe de Pesaro » (comme cet étincelant fumiste se dénommait lui-même)? Il doit fournir de la musique « qui chante » ; or la musique écrite pour le poème de MM. Adenis chante, elle chante tout le temps ; je n'oserais affirmer qu'elle chante toujours de l'inédit, car la phrase relative à ce Maro de Virgile (en *mi*, puis en *ré*) rappelle la méditation de *Thaïs*, car des souvenirs d'*Esclarmonde* jonchent le seuil du paradis, car, après un appel de trompette qui sonne, hélas ! comme du piston, l'auteur de l'*Enéide* quitte l'auteur de la *Divine Comédie* en lui barytonnant du Gounod, car dans d'autres imitations encore, la musique du jeune auteur s'ensable (d'Olonne).

Mais quoi ! ce n'est pas si jeune que l'on peut faire preuve d'une originalité saisissante ; sous prétexte que sa personnalité ne s'accuse pas encore, ne le condamnons point (accuser? condamner? la langue française doit être peu commode pour les étrangers); d'ailleurs, si je ne lui reconnaissais pas de talent, je serais aussi malhonnête qu'une demoiselle du téléphone, et menteuse comme une odontothérapeute ; tenez, j'ai goûté tout particulièrement certain *Agnus*

Dei (étant *a capella*, il a charmé Capel), parfumé de douceur pieuse, exquis… partition d'Enoch p. 67, vous le trouverez aisément, après une phrase virgilienne expliquant que les barques chargées d'âmes pécheresses sont guidées par un ange « penché *sous* l'avant. » Je pense que cet ange a un scaphandre, murmurait le délicieux dessinateur qu'est Métivet.

A quoi bon chipoter davantage, à quoi bon taquiner sur sa déclamation le blond et talentueux auteur qui sépare par un silence le substantif « étincelle » de son épithète « surnaturelle ». (Jamais, en demandant son huit-reflets à sa bonne, il n'aurait l'idée de lui dire : « Pulchérie, donnez-moi mon chapeau… — *repos* — …neuf ».) Alors mieux vaut constater l'unanime applaudissement, et que, charrié sur la scène, M. Max d'Ollone montra une physionomie de contentement ingénu, sans l'ombre de pose, ce qui n'est pas commun chez les jeunes gens qui font de la musique, ni chez les jeunes gens qui n'en font pas. Un mot encore, et j'ai fini : figurez-vous que le blond lieutenant Changeart entendant les choristes clamer : *C'est Dante !* acheva entre ses dents : *arma togæ !*

6 novembre 1899.

Théatre Lyrique de la Renaissance. — *Daphnis et Chloé*,
comédie lyrique en trois actes, de MM. Jules et Pierre
Barbier, musique de M. Henri Maréchal.

La « comédie lyrique » — puisque comédie
lyrique il y a — due à la collaboration de la
famille Barbier et de M. Maréchal ne nous a
apporté aucune déception. Le compositeur de la
Taverne des Trabans a fait, depuis longtemps,
ses preuves. Quant aux paroliers, nous n'atten-
dions pas d'eux qu'ils s'assimilassent quoi que
ce fût des grâces ingénieuses dont se pare le
petit roman érotique de Longus, délicatement
tissé de réel et de merveilleux : et puisque, de ces
librettistes éprouvés — hélas ! est-ce bien eux
qu'il faut dire « éprouvés », ou nous-mêmes, douloureusement ? — nous n'espérions pas un tel
miracle, nous ne leur reprocherons point de ne
l'avoir pas réalisé. Même il convient de délivrer à
ces Messieurs un bon point, avec un sourire, en
faveur d'une intention de style qui je ne dis pas
les tourmenta, mais paraît les avoir sollicités un
instant : pour avoir pratiqué la traduction où
P.-L. Courier entreprit de compléter et de cor-
riger celle d'Amyot, en lui conservant sa particulière saveur, MM. Barbier parlent d' « un grand
pourchas d'amoureux » sans comprendre, du
reste, que ce vieux langage, ailleurs délicieux,
dépare leur écriture propre, si je puis dire. N'im-

porte ! cette velléité de littérature mérite récompense : aussi, sans leur chercher plus longtemps chicane, abandonnerons-nous à leur lucrative industrie ces deux « poètes », nous contentant de noter que, dans leur production, ce n'est pas la complaisante Lycénion, mais la nymphe Echo elle-même qui se charge de donner au naïf amoureux de Chloé une première leçon d'amour expérimental.

Les auteurs de ce flasque et morose livret ont eu, cependant, une trouvaille joyeuse qui a réjoui, je veux parler du *Prière d'insérer* par lequel ils nous avertissaient obligeamment, hier, que leur complice, au lendemain de *Tristan*, n'entendait pas « se poser en novateur » et, laissant à Wagner ses fantaisies périlleuses, n'avait « d'autre ambition que de plaire au public par des moyens délicats », ajoutant, avec un sérieux ineffable : « Il importait que la critique musicale fût prévenue ».

Encore que M. Maréchal estime ses moyens délicats, — mes petits sont mignons, — il ne laisse pas, en maint passage, de descendre aux pires balourdises de l'opérette, notamment dans le couplet où Dryas (M. Bourgeois, très drôle et très applaudi, expose les trois manières dont flûte le berger Daphnis, selon qu'il souhaite distraire ses chèvres, sa brebis, « douce esclave », ou les taureaux « généreux ».

Mieux valent, au surplus, ces facéties nigau-

des que les romances sirupeuses où, trop souvent, le compositeur s'épanche ; le public un peu
spécial de la Renaissance les goûte fort, d'ailleurs, et a trouvé particulièrement savoureuse
une sorte de valse lente, doublée à l'octave inférieure par les cordes graves, où Mademoiselle
Frandaz sucre ses aveux : *C'est un secret que
les roses...* Ça n'est pas laid, mais ça poisse. Si
M. Maréchal voulait enrichir le répertoire de
Madame Anna Thibaud il s'en trouverait bien,
et elle aussi.

Seul, ou presque seul, s'élève au-dessus de
ces misères le début du premier Prélude ; la
clarinette y chante aimablement, sur des pizzicati de violoncelles que ponctuent de brusques
cymbales. Le Prélude du troisième acte a plu,
construit sur la phrase en *mi*, assez bien venue,
que le cors anglais expose au *un*, soulignant la
tendresse renseignée de la nymphe Echo.

M. Andrieu (Daphnis), récemment lauré au
Conservatoire, ténorise sans vigueur ces musiquettes d'anémie ; au compositeur, né en 1842,
je ne crois pas que la coca Mariani puisse être
encore de quelque utilité, mais vous, jeune
homme, ne sauriez-vous montrer, artificielle ou
non, plus de robustesse ? M. Soulacroix s'est fait
la tête du *Moïse* de Michel-Ange. Mademoiselle
Leclerc a su mettre un joli accent de langueur
énervée dans son air *Printemps, que tu le fais
attendre !...* qui, réflexion faite, n'est peut-être

pas sans agrément. Au premier acte, elle re-
cucille dans sa chevelure une cigale qui fuit,
épouvantée, l'hirondelle ; dans l'original de Longus, la bestiole trouve un asile entre les seins
ingénus de Chloé. On ne saurait trop recommander aux traducteurs de ne point s'écarter de
leurs textes.

9 novembre 1899.

Foule, au Châtelet, foule animée des sentiments de l'Anglais légendaire qui, a travers le
monde, suivait inlassablement les pérégrinations
d'un dompteur, « pour vôar manger lui un jour
par sa tigre » : hier, les mélomanes de l'Asso-
ciation artistique se demandaient, avec un délicieux frémissement, si Pugno — le Rempart des
Pleyels — n'allait pas être dévoré par le Concerto de Castillon... Car ce Concerto est resté
célèbre dans l'Histoire des grandissimes
chahuts ; en mars 1872, les auditeurs du concert
Pasdeloup le sifflèrent joué par Saint-Saëns, avec
autant de virulence que s'il eût été signé Wagner ; l'éditeur Auguste Durand (un amour) qui
assistait à cette fête mouvementée me racontait
hier que, impassible parmi le tonitruant fracas
des huées qui l'empêchait de s'entendre lui-
même, Saint-Saëns continuait à triturer l'ivoire,
tout en nasillant : « Ze m'en fishe, ils l'avaleront

jusqu'au bout, les coshons ! » Quant à l'auteur, bellement insoucieux, lui aussi, des injures que les précités « coshons » lui prodiguaient à groin que veux-tu, il se précipita, à peine le piano refermé, dans les bras de Lalo en lui criant : « Ah ! ce Camille est merveilleux ! Il a joué comme un ange ! »

Notre Raoul aussi a joué comme un ange ! Vigoureux sans brutalité, fin sans pugnochage, tendre sans vaseline, il a charmé les plus fervents amis de Castillon, Hartmann surtout, qui écoutait, pensif, Pugno triompher et les bravos retentir en l'honneur de ce compositeur, de cet officier mort — incompris — d'une pneumonie contractée pendant la guerre aux côtés de Chanzy... Son œuvre ? Mon Dieu ! j'ai peine à comprendre que le public l'ait jugée autrefois incompréhensible, et qu'elle ait épouvanté, depuis le chambard-Pasdeloup, tous les virtuoses (sauf Madame Bordes-Pène qui l'exécuta à la Nationale voici quelque dix ans). C'est, obtenu par des moyens aussi peu révolutionnaires que ceux des accusés poursuivis par la haine des vieux détritus surnommés « Hotte-Cour », c'est un Concerto fort beau, dont le premier thème est noble comme Gre, l'andante merveilleusement expressif, et le finale plutôt copieux. Paul Braud s'exalte, Charles Mougel réfléchit à poings fermés, Levadé sourit, Pugno, pourtant solide, plie sous le faix des acclamations.

J'attendais beaucoup de M. Rabaud ; j'attends encore. Sa *Symphonie* antérieure (et inférieure) à la pittoresque *Procession nocturne* de l'an dernier dénote un tempérament clair, gentiment mendelssohnien, hostile à toute dissonance rabanteuse, et fluide, fluide... Elle a eu un succès fou, d'ailleurs ! Comment résister à ces phrases massenétiquement amoureuses où vibrent toutes les cordes de l'orchestre, opposées à de tragiques appels de cuivres qui se souviennent de la *Psyché* franckiste : « Amour, elle a connu ton nom ! » Comment ne pas s'épanouir à ce simili-choral de Luther brillanté d'arpèges ? et devant ce scherzo preste et menu avec des bondissements d'archets, des caquetages de bois, des ronronnements façon « fileuse » qui prouvent que M. Rabaud est subtilement roué (d'Omphale) ; au finale, en son apothéose, M. Bruneau lui-même approuve. Quant aux dames, elles lorgnent complaisamment l'auteur, un grand jeune homme de minceur élégante, vieilli par une barbe précoce... Et puis, de polis qu'ils étaient, les bravos deviennent frénétiques, pour acclamer l'irrésistible Thibaud, le violoniste qui remplit le Châtelet, qui remplirait le Trocadéro, qui remplirait même les steppes du grand Thibaudrôme ; l'air toujours un peu flapi, il murmure avec morbidezza la *Havanaise* énervée, et comme ha-vannée, que M. Saint-Saëns sut ouater d'une imprévue câlinerie berceuse (vers la fin, le rythme se précise aux timbales, charmant). Pendant que les applaudissements crépitent, lorgnons la salle : le prix de Rome Levadé y voisine avec son prédécesseur Georges Hüe ; Jean d'Udine s'emballe sur Rabaud, Messager se réserve, Poujaud songe (à moi peut-être) ; Ferdinand Bac s'occupe assidûment d'une de mes compagnes, dont les cheveux d'or, coquinement crespelés sous le bonnet rose, l'excitent visiblement... « le Triomphe de la femme ».

Cocher, rue de Malte, Théâtre du Château-d'Eau ! (Tu parles d'un concert commodément central !) Ce n'est pas pour faire ma « Sophia » comme dirait ce prestidigieux byzantin de Paul Adam, mais vrai, on écoute plus attentivement la musique qu'au Châtelet, chez le Patron ! Madame Rosine Laborde était édifiée de ce silence religieux que troublaient seuls, à intervalles inégaux, les ronflements de Blowitz, dans ce nouveau temple de la musique où j'ai recensé plusieurs présences de choix, la petite marquise de Lizery qui trouve toujours que « ça a beaucoup de cachet », le landgrave de Hesse joueur de violon plus qu'hessetimable, et George Vanor enchanté de l'acoustique, mais navré des odeurs démocratiques de ce théâtre à mélos.

A la symphonie en *mi bémol* de Mozart, lumineusement exécutée (dont l'orchestre se lève pour saluer, après le bondissant menuet dont les mozartiens auraient la nostalgie si on ne le leur intercalait dans les *Noces*), succède la première partie du magistral concerto de Lalo, où Pablo Casals cher au peintre Sert fait applaudir son violoncelle esthétique, ses cheveux balayés en arrière, ses yeux au lustre et son réel talent. Puis, l'*Apprenti sorcier*, si réussi, de Dukas, dirigé avec une maëstria devant laquelle Eugène d'Harcourt s'incline courtoisement, fanatise la salle, enivrée de ces bassons claudicants, de ce mustel inusité pour elle, de ces trompettes avec sourdines qui drôlatiquement nasillent. Pendant la *Fantaisie hongroise* de Liszt, Mme Berthe Marx-Goldschmidt perd pied et tourne des regards de noyée vers le Patron qui lui tend, pour la repêcher, une partition compatissante. Enfin Mademoiselle Litvinne chante en allemand la scène finale du *Crépuscule des Dieux*, interprétant cette musique colossale avec des grâces exquises.

Accusés de réception : le paradoxal et savoureux volume de Beaubourg, les *Joueurs de boules de Saint-Mandé*, — la *Graine humaine* du joyeux Goudeau qui a pris pour devise « Goudeaueamus igitur ! ». — De Pierre Gauthier, la *Dame du Lac* qui a plus de succès que n'en aura le *Lancelot du idem...*, — de Louis Moriaud, l'*Unique*, récit intense d'un amour paternel sur le forcené exclusivisme duquel je préfère ne pas incester. — Le cher Fauré publie un nouveau *Nocturne* (musique de

passion, de mélancolie et de rêve) que l'éditeur
Hamelle proclame « en *mi* » ; je viens de relire
ces pages adorables, dédiées à Madame Maddison ; je reconnais qu'elles sont armées de
quatre dièzes, mais je maintiendrai qu'elles sont
en *ut dièze mineur*, jusqu'à ce qu'on me coupe
en morceaux, et encore, il faudra que les morceaux soient tout petits, — plus petits que celui
de Castillon.

13 novembre 1899.

Théatre de l'Opéra. — La *Prise de Troie*, poème lyrique,
en trois actes et cinq tableaux, de Hector Berlioz.

On sait que Berlioz, ayant écrit, d'après le second et le quatrième livres de l'*Enéide*, la *Prise
de Troie* et les *Troyens à Carthage*, cette dernière œuvre fut représentée le 4 novembre 1863
au Thâtre-Lyrique de M. Carvalho, où, d'ailleurs, elle sombra « comme le vaisseau d'Enée »
selon le mot de notre confrère Soubies ; la première exécution parisienne de la *Prise de Troie*
(mentionnons une tentative niçoise pour mémoire) a été donnée à l'Opéra, hier soir, 15 novembre 1899. Je livre cet écart (1863-1899) aux
méditations des jeunes compositeurs français.

Comme, en vertu de ce snobisme à bascule qui régit notre tempérament national, nous ne jurons plus que par l'homme de Bayreuth, après l'avoir si longtemps traité de fou furieux, les couloirs de l'Opéra, hier, foisonnaient de néo-wagnériens qui doctoralement ressassaient contre l'auteur des *Troyens* les critiques violentes formulées par l'auteur de *Tristan* : car on ne peut nier qu'en dépit de nombreux essais de réconciliation Wagner, qui combattit de tout son pouvoir la représentation destinée à réhabiliter *Benvenuto Cellini* en Allemagne, détestait Berlioz comme il détestait Schumann, et nombre d'autres, et s'égayait aux dépens de la *Fantastique*, par exemple, « capable de plonger Paganini dans une fiévreuse extase, mais dont Beethoven eût souri ». Notre compatriote lui rendait pois pour fèves, exultant de constater que les spectateurs de *Tannhæuser* « sifflaient splendidement les polissonneries d'une orchestration bouffonne », hélas !

Que prouvent ces injures obtuses ? Que prouve Weber en traitant la *Symphonie en ut mineur* de « chaos » ? ou Beethoven en ne voulant voir dans l'ouverture d'*Euryanthe* qu'un « amas de septièmes diminuées » ? Ceci, seulement, qu'un compositeur, dès qu'il veut juger les confrères encore vivants, s'égare presque toujours : aveuglement du génie ou impuissance envieuse, Wagner ou Bruneau...

A égale distance des persiflages wagnériens
et des rancunes où certains berlioziens s'attar-
dent, l'auteur de l'*Œuvre dramatique de Berlioz* et de l'*Art de Wagner*, notre inoubliable
Alfred Ernst, a lucidement établi la filiation
artistique de Berlioz et son indéniable mérite de
novateur : « Les Troyens » sont réellement une
forme nouvelle de l'opéra français. Si on les
compare aux œuvres qui sont contemporaines, il
est impossible de ne pas sentir la différence des
conceptions et des procédés. Sans doute, certaines règles traditionnelles de l'opéra y sont
respectées, mais à tout moment l'ancien moule
craque et se disloque ; la convention vieillie fait
place à la vivante liberté de l'action ; le drame
lyrique apparaît simple, logique, lumineux ; c'est
de Gluck que les *Troyens* dérivent, en droite
ligne, sans passer par Meyerbeer ; comme Wagner avait procédé d' « Euryanthe », Berlioz
procède ici d' « Alceste ».

Confiant dans la science virgilienne de nos
lecteurs, je ne leur rappellerai point le détail du
second livre de l'*Enéide*, le feint départ des
Grecs, qui se sont retirés à Ténédos, laissant sur
le rivage un énorme cheval de bois astucieusement rempli de soldats, la mort du grand-prêtre
Laocoon dévoré par deux serpents sortis des
flots, Hector, apparu en songe à Enée, annonçant la ruine imminente de Troie, l'assaut furieux et le triomphe des Grecs. Mais Berlioz ne

s'est point contenté de mettre en action le récit
d'Énée à Didon, il a donné un saisissant relief
aux personnages de Cassandre et de Chorèbe, à
peine esquissés par Virgile, et créé l'admirable
scène finale où la voyante, exhortant ses compagnes à mourir pour échapper à l'esclavage,
se frappe elle-même d'un poignard et, expirante,
brave encore les vainqueurs en leur jetant ce
cri prophétique des revanches troyennes :
« Italie ! »

Parmi les merveilles de cette œuvre si fort en
avance sur son temps, il suffira de mentionner
l'impressionnante déploration : « Malheureux
roi, dans l'éternelle nuit... » d'une si lugubre
splendeur ; puis, la *Marche religieuse* (large-
ment chantée par les choristes) dont les parties
réalisent des accords sans cesse consonants,
d'une belle couleur antique, et qui, en huit mesures : « Dieu de la ville éternelle, recevez notre
encens », passe par les tonalités de *ut majeur,
fa mineur, ré bémol majeur, la bémol majeur*
s'établissant avec de brusques fiertés ; enfin, la
pantomime où Andromaque — mademoiselle
Flahaut, fort applaudie dans ce rôle qui ne lui
fatiguera pas la voix — conduit devant le trône
de Priam son petit Astyanax (mademoiselle Ha-
nauer) gentil, gentil à croquer, cependant que la
clarinette soupire une noble phrase en *la*, pleine
d'expressive simplicité.

Tout, assurément, en cette partition, ne sau-

rait être placé sur le même plan de beauté ;
Berlioz, génie incomplet, connut des défaillances
et Catulle Mendès rappelait hier un mot, paradoxal peut-être, mais étrangement significatif,
entendu à Triebschen : « Berlioz est un élève,
mais si grand qu'aucun des grands maîtres n'aurait pu être son maître ». Il est indéniable que
la romance en *si :* « Quitte-moi dès ce soir »,
(où l'on retrouve un souvenir direct de la *Fantastique*), ne peut se justifier ni dramatique-
ment, ni même musicalement ; mais quoi ! la
boutade d'Ehlert reste vraie : « Les erreurs d'un
géant ont un intérêt supérieur aux vérités d'un
nain ».

M. Taffanel et les protagonistes de l'Opéra ont
lu attentivement — de quoi il faut les louer —
l'ironique avis placé par Berlioz à la dernière
page de sa partition : « L'auteur croit devoir
prévenir les chanteurs et les chefs d'orchestre
qu'il n'a rien admis d'inexact dans sa manière
d'écrire. Les premiers sont, en conséquence,
priés de ne rien changer à leurs rôles ; les seconds sont avertis de frapper certains accords
d'accompagnement dans les récitatifs toujours
sur les temps de la mesure où l'auteur les a
placés, et non avant ni après... » Mademoiselle
Delna comprenant qu'en un rôle de prophétesse
troyenne il serait absurde de satisfaire à nos
goûts de joliesse décadente, a su imprimer à son
visage la douloureuse déformation des masques

tragiques ; si certains spectateurs superficiels
ont jugé monotone, à la longue, l'expression ha-
garde et comme figée de ses traits, ils ont pu du
moins se consoler en admirant l'émotion avec
laquelle l'artiste a lancé son cri d'adieu : « Reste !
la mort jalouse.. », qui a produit grand effet.

M. Renaud, lui, n'a eu garde de s'enlaidir,
— Virgile, d'ailleurs, n'a dit nulle part que
Chorèbe ne fût pas joli garçon. — C'est un charmant chanteur, qui a soupiré le tendre *Andante*
pacifiant : « Mais le ciel et la terre » de façon
exquise.

M. Lucas, Enée d'allure un peu risible, chante
avec soin ; le spectre d'Hector, dont l'apparition
est réglée de façon particulièrement ingénieuse,
c'est M. Cambon, caverneux à souhait sur des
cors bouchés suffisamment mystérieux. Les lut-
teurs se disputent le prix du ceste (sans ceste),
avec tant de maëstria que l'on se croirait au Ca-
sino de Paris.

N'insistons pas sur certains interprètes dont
la gaucherie, s'il a pu s'en rendre compte, a dû
jeter dans une exaspération posthume le grand
homme, sensitif à l'excès, qui, moins bien par-
tagé que son rival Meyerbeer, eut le bonheur
d'avoir du talent, mais non le talent d'avoir du
bonheur.

16 novembre 1899.

Les directeurs des grands concerts semblent s'être syndiqués contre l'invasion de toute musique nouvelle ; l'union fait la force ! (prononcez : l'Hennion fait la farce ») ; j'en profiterai pour être compendieuse à leur égard et parler un peu d'autres séances ; d'autant plus qu'hier, au Châtelet comme au Cirque d'Eau, pardon au Château d'Eté, je veux dire au Théâtre de la République, j'ai remarqué pas mal de vides dans les hauteurs ; sans doute, un fort contingent des socialos coutumiers avait préféré à la musique le « Triomphe de la République », coûteuse inauguration dont les contribuables paieront, comme de juste, tous les frais, la *Daloureuse* ;

En Scandinavie, le violoniste Marteau et le pianiste Grovlez propagent la musique française et font applaudir César Franck, Fauré, ainsi qu'un nocturne de Saint-Saëns, « sur des motifs d'*Hellé* ». (Non, Hellé raide, celle-là !) A Nancy (nous nous rapprochons des pays tempérés), Guy Ropartz exécute une berceuse de Samuel Rousseau, pour orgue et instruments à cordes en sourdines, et avant, par les sœurs Moulins je résiste à la tentation d'écrire « par les sœurs Moulins... avant », le *concerto en mi bémol* que Mozart, j'en suis presque certaine, n'a pas dû entendre souvent sur le piano-double, système Lyon : — et il conduit aussi, le bon Guy, un Adagio pour violoncelle que j'aurais follement désiré entendre ! Mon Dieu ! n'irai-je jamais à Nancy applaudir cet Armoricain que je gobe ? *Ma diwallet ôtrô Doué!* — A Fougères, Eymieu décentralise, avec la complicité de Lionel Bonnemère ; que ne suis là ! Fougère...

A l'Institut Rudy, — en dépit d'exécutions parfois trop rud*y*mentaires, — Eugène de Solenière, de qui le lyrisme éclectique s'enflamme même pour les excellentes choses, jette en pâture au public de ses conférences des théories bellement audacieuses, bravo! (« Vive Déroulède ! » ajouterait Pierre de Bréville). Samedi, il avait composé son programme musical à la mémoire du cher et grand Ernest Chausson, et l'on me dit que tous goûtèrent un douloureux plaisir à entendre le magistral quatuor en *la*, ce *Temps des lilas* adorable de tendresse chantante, et *Quelques danses*, œuvre délicate et charmeuse, de sourire las et de soupir retenu, où la mélodie chuchote sur des harmonies mélancoliques comme la fuite voltigeante, par les allées d'un parc, des feuilles désabusées de l'automne...

Et n'oublions pas le concert où, pour apporter leur louis au sculpteur qui immortalisera Louis Gallet (brave homme, mais fichu versificateur), les mondains qui se piquent de musique s'étaient donné rendez-vous salle Pleyel : prince Ouroussoff, marquise de Maupeou, comte de Gabriac, tout l'armorial mélomane, le dessus du panier, « du panier... d'Hozier. » disait Albert Carré, fumiste à froid. La princesse Bibesco, furieusement applaudie, exécuta, avec Saint-Saëns, *Africa*, merveilleusement ; puis notre Fauré, en compagnie de l'auteur, de l'astre Diémer et du satellite Cortot, enleva l'ouverture de la *Princesse Jaune*, qui semblait surprise, si simplette, de nécessiter quarante doigts, et quels ! Mentionnons encore *Page*, *Reître*, *Capitaine* (je ne réponds pas du titre), musique jadis bien membrée, un peu flasque aujourd'hui, qui sort à ravir par le canal du reître... Daraud.

Chez le patron, succès fou ! Il a beau jouer rue de Malt...e, ça n'est pas de la petite bière. On acclame, dans le crevant Concerto de Mendelssohn, l'excellent Hayot, et son violon qui murmure avec des douceurs de harpe hayolienne. On trépigne d'enthousiasme, et tout l'orchestre doit saluer, après le coruscant *Apprenti sorcier* de Dukas (Lisez ses chroniques musicales, des merveilles, dans la *Revue hebdomadaire*, à côté des chroniques politiques de Talmyr, des merveilles aussi). J'ai été un peu déçue de ce faiblot Tschaïkowsky, car, sur la foi du titre : *Casse-Noisettes*, je m'attendais à quelque chose de plus pinçant ; la Danse de la « Fée Dragée », gentillette avec ses cristallines sonorités de Célesta Mustel, ne put faire accepter la suffocante chaleur à Georges Vanor qui, étouffant, priait Lalo de la soulager au moyen de la Drageotomie ; pendant les « Mirlitons », Raymond Bouyer sommeillait sur l'épaule de Georges Hüe. Mais l'extasiante péroraison du *Crépuscule des Dieux* fit tout oublier (applaudie par l'aimable couple Salmon-Ten Have, par madame Yung, par MM. François-Carnot, Girette, Deseilligny, René de Castera, Below, baron de Montesquieu, par tous), jouée comme seuls savent la jouer l'orchestre du patron, et, chez madame de Saint-Marceaux, les deux mains d'André Messager.

Au Châtelet, le sous-chef Laporte (exécrable décidément, gêne un peu Marsick et Pugno, mais ne les empêche pas de rafler les bravos, le célèbre violoniste avec un pénible Concerto de Max Bruch, Raoul avec les *Djinns* de César Franck, qu'il interprète chaque fois, mieux encore que je ne l'imadjinn... (Hillemacher me rappelle que cette œuvre fut bien donnée aux Concerts-Colonne, comme le programme le dit, mais par la Société Nationale, comme le programme ne le dit pas.)

Je devrais vous parler du Festival-Fauré, chez madame Fuchs (le cheik Thibaud et sa smalah y triomphèrent... Je l'appelle « cheik » pour le toucher, mais je suis éreintée par trop de nuits sans sommeil, j'étais convaincue que la fin du monde imminait... Heureusement, le rapport de l'Académie des sciences morales et politiques m'a rassurée, et M. Lœwy m'a prouvé jusqu'à l'œwydence que je n'avais rien à craindre de la

comète Biéla *(matribus detestata.)* Dieu merci !
E finita la cometa !

20 novembre 1899

Non, bénin lecteur, non, suave lectrice, vous
aurez beau me bombarder de réclamations, je
ne parlerai pas des concerts conservatoriaux.
Pourquoi ? Tout bonnement parce que je n'y suis
point invitée. Oh ! je connais l'antienne : « L'ou-
vreuse n'a qu'à se présenter, on la nichera dans
une bonne petite loge, entre deux journalistes
amis de la maison, un rédacteur de l'*Impartial
de la cordonnerie* et le critique musical de
l'*Applaudisseur de la Haute-Cour ;* allons !
petite, prenez place... » Merci, je ne prends rien
entre mes repas. Foin des amphitryons à la
manque qui vous convient à venir dîner « un de
ces jours, à la fortune du pot » ; c'est la seule
fortune dont je fasse fi. Le subtil Colonne m'envoie des fauteuils, je rends compte de ses concerts ; le Patron adoré agit de même, j'analyse
ses nouveautés (quand il en sort, une fois par
trimestre) ; quant au Conservatoire, il s'abstient ; moi itou. Voilà pourquoi, Monsieur, Madame, voilà pourquoi votre Ouvreuse est muette ;
voilà pourquoi je me tairai sur le *Baptême de
Clovis*, vers latins de Léon XIII, musique fran-

çaise de Théodore Dubois, bien que cette Ode, au dire de Bourgeat, doive dégo*der*, — pardon, dégo*ter* — toutes les autres... O*de*-toi de là que je m'y mette !

Ce fumiste de Zamacoïs affirme au peintre Baugnies que le compositeur fit pétarader dans cette pièce historique des bassons incongrus, allusion carminative au « Souviens-toi du Vase de Soissons ! » Mais faut-il le croire ? J'ajoute que, personnellement, je tiens *Deolatus Ligneus*, comme l'a surnommé André Beaunier (ce poseur de latin), pour un charmant homme, et que j'irai de grand cœur, demain, ouïr ses œuvres exécutées aux matinées Berny par MM. Diémer, Beyle, Gillet, et aussi par une mignonne cantatrice de qui l'on peut prendre les promesses pour *Arger* comptant. (Je souligne, parce que j'ai remarqué que ce temps humide ramollissait la matière grise de mes lecteurs, douloureusement.)

Au Châtelet, Gustave Charpentier conduit sa *Vie du poète*, et la conduit fort bien, en homme soucieux de dédommager ses auditeurs du retard incroyable de *Louise* ; les applaudissements éclatent comme des balles dum-dum, la belle madame Roger-Miclos, Hartmann aux fraîcheurs de vierge, le sémillant Brunel de l'*Estafette*, le grassouillet Capelle et le comte Azevedo, prodiguent leurs acclamations à l'auteur qu'un jeune poète, Saint-Georges de Bouhélier, exalta na-

guère en prose fervide, prisant les créations de
ce « profond et magnifique esprit » beaucoup
plus que « les héros sans vitalité » de Wagner.
Les opinions sont libres (en musique, du moins).

Pour moi, j'ai beaucoup aimé, lors de son
apparition, — il y a déjà sept ans, si j'en crois
la date indiquée sur la partition de Choudens, —
oui, j'ai gobé jadis cette symphonie-drame,
bourrée de talent, de chœurs et de cœur, de
cloches, de pistons qui taratantarent des polkas
montmartoises, dont la canaillerie désinvolte
plaît à Gedalge, de Butte en blanc ; hier encore,
l'imploration mélancolique du poète, *Nuit mystérieuse et troublante*, vous savez bien, en *sol
mineur*, m'a fait revivre mes impressions de
jadis, détaillée par le jeune Léon Beyle, très
beyllement ; mais la péroraison symbolico-réaliste
de ce *Lelio* fin-de-siècle m'a laissée plus froide,
malgré l'énergie du poème : « Rogne, besogne
ma charogne !... » malgré les râles que madame
Tarquini d'Or rauque dans la coulisse avec des
pâmoisons de matou à l'agonie, malgré le très
habile tripatouillage de cette fête foraine où il
y a de l'art et des Quat'z'Arts. Sans doute c'est
moi qui ai vieilli ; mais, dites, n'est-ce pas ? que
le duc Orsino avait raison quand, aux musiciens
recommençant l'air qui venait de le charmer, il
criait : « Non, assez, assez, ce n'est plus aussi
délicieux que la première fois !... »

Le temps de constater que le Concerto de

Widor (bravo ! Baretti, fluide violoncelliste !),
appartient au genre hors lequel tous les genres
sont bons, et je file chez Lamoureux — trois
quarts d'heures de fiacre, pas davantage — où
j'aperçois, perdus dans la foule anonyme, Georges
Lecomte à la barbe stoïcienne, le baron de Montesquiou et un sosie du duc de Broglie. Après
l'audition de la *Pastorale*, Jean d'Udine m'expose
que la première partie de ce chef-d'œuvre lui
semble d'un panthéisme plus objectif que la seconde en laquelle le sentiment de la nature
s'affirme plus personnel, cependant que la troisième réunit la subjectivité des paysans et l'ob-
jectivité de l'orage, d'où conflit tragique... Je
quémande un supplément d'explication, mais
René de Castera fait remarquer à d'Udine que
l'heure d'Udiner familial va sonner, et nous par-
tons, après avoir joint nos ovations à celles des
saint-saënsistes qui crient : « Hayot ! taïaut ! »
comme des piqueurs. J'allais oublier de vous
dire que les galeries supérieures ont fait un
chahut tel qu'on aurait cru la séance présidée par
M. Fallières.

27 novembre 1899.

Théâtre de l'Opéra-Comique. — Première représentation (reprise) de *Proserpine*, drame lyrique en quatre actes, de Louis Gallet, d'après Auguste Vacquerie, musique de M. Camille Saint-Saëns.

M. Saint-Saëns, de qui un persistant succès accueille aujourd'hui les moindres entreprises, connut pourtant cette malechance de ne presque jamais travailler que sur des livrets fâcheux souvent, médiocres toujours : celui de *Proserpine* peut être compté parmi les plus déplorables. Après douze années, il n'est pas inutile d'en rappeler l'argument, je le crains.

La « Proserpine » d'Auguste Vacquerie et Louis Gallet n'est pas plus déesse que le « Shakespeare » de Paul Gavault et P.-L. Flers n'est poète. Courtisane transalpine, — on ne précise pas dans quelle cité, et nous savons seulement que l'histoire se passait il y a quatre cents ans, — elle exerce avec fruit « sa coupable industrie », comme parlent les avocats généraux, accueillante à tous ceux qui, pour connaître son impérieuse beauté, lui apportent des trésors : il n'en est qu'un, Sabatino, jeune pourtant et riche, qu'elle repousse, car elle l'aime et ne veut point que celui-là, comme tant d'autres, puisse dire qu'il l'a payée. Malheureusement pour elle, Sabatino, bientôt consolé de cet échec et las d'une existence dissipée, s'est épris d'une pure jeune

fille, Angiola, sœur de son ami Renzo. Celui-ci
bien intentionné, mais bizarre, exige, avant de
consentir au mariage, que son futur beau-frère
tente une dernière fois de fléchir Proserpine ;
cette épreuve singulière tourne à l'avantage du
jeune homme : il blesse cruellement l'amour
inavoué de la courtisane et son désintéressement
tardif en lui offrant de l'argent ; elle le chasse et,
de rage, s'affiche au public au bras d'un bandit
haillonneux, Squarocca, qu'on a surpris en train
de voler chez elle et qu'on menait pendre. Ce
drôle, devenu, comme il sied, l'âme damnée de la
courtisane amoureuse, attire dans une embus-
cade Renzo et Angiola ; Proserpine, déguisée en
bohémienne, sous couleur de « bonne aventure »,
prédit à sa rivale les pires calamités si elle ne
renonce sur l'heure, à épouser Sabatino ; puis,
ces menaces demeurées vaines, elle ordonne à
Squarocca de garder frère et sœur captifs jusqu'au lendemain : mais des soldats surviennent
qui les délivrent. Proserpine, cependant, s'est
rendue chez Sabatino : humiliée et violente, elle
se traîne à ses pieds en lui criant son amour ;
mais, visiblement ennuyé, le jeune Italien fait
son Giuseppe et repousse cette Putiphar du
seizième siècle. Feignant de s'éloigner, elle se
cache derrière une tapisserie d'où elle voit, peu
d'instants après, celui qu'elle adore recevoir
Angiola ; la tendresse mutuelle des fiancés
l'exaspère ; elle bondit, un poignard à la main,

sur la jeune fille ; par fortune, Sabatino détourne le coup, et la courtisane, vaincue, se frappe elle-même. Rideau.

Ce mélodrame insane, perpétré par Auguste Vacquerie, présente dans leur plein les défauts où se rua l'admiration fourvoyée d'une génération qui pensait imiter l'inimitable dramaturge de *Ruy Blas* et d'*Angelo*... : intrigue incohérente, paradoxale jusqu'à l'absurde et, sous prétexte de « couleur locale », pittoresque éperdûment conventionnel. Vraiment, le temps n'est plus des plumes aux chapeaux ; le panache pendille, lamentable, et dans la cape en dents de scie où don César de Bazan drapait sa gueuserie avec son arrogance, le bandit pour rire d'Auguste Vacquerie ne réussit qu'à se tailler une veste. Il faut avoir beaucoup de malheur, disait M. Camille Bellaigue, pour tomber sur un scénario pareil. Il faut encore plus de talent pour ne pas tomber sous lui.

Et nul n'a plus de talent que M. Camille Saint-Saëns !

Toute sa partition fourmille d'ingénieuses petites merveilles ; à l'exception du finale, brindisi vulgaire, les snobs mélomanes qui donnent à présent le ton (j'honore leur compétence) ne trouvaient rien à reprendre, hier, dans le premier acte ; ils n'invoquaient point *Tristan* et *Iseult* pour honnir la douloureuse apostrophe de Proserpine, dite par madame de Nuovina avec une

intensité pénétante : « Amour vrai, source pure
où j'aurais voulu boire » ; même ils reconnais-
saient quelque mérite à la mignonne Pavane que
soupire, dans la coulisse, une flûte rêveuse ; et
j'en ai vu qui se risquaient à applaudir l'élégance
du ductto en forme de sicilienne que deux jou-
venceaux (MM. Devaux et Danger) madriga-
lisent dans un décor exquis, pastiche galant
tel que Gabriel Fauré sut en ciseler souvent,
musique de tendresse mélancolique, comme un
peu lasse, avec je ne sais quel parfum de Déca-
méron.

A ce joli début, un second acte adorable succède, qui, d'ailleurs, ne tient aucunement à
l'action, ce dont je me désolerais sans doute, si
j'étais critique dramatique. En 1887, le soir de
la première, il fallut que M. Danbé recommençât
la péroraison de ce délicieux hors-d'œuvre, et
hier, M. Luigini dut imiter son prédécesseur. Il
est ravissant, ce finale, d'un art charmant et discret : le compositeur y fait alterner le chœur des
mendiants et celui des nonnes, puis les deux
chants s'enlacent doucement, simplement, sur
un continu bourdonnement instrumental en *mi
mineur*, et quand, prévue cependant, la tonalité de *mi majeur* s'épanouit, tout l'orchestre
s'ensoleille.

C'est au troisième acte que l'action commence
véritablement ; c'est aussi là que l'intérêt musical diminue. Et, pourtant, M. Saint-Saëns y

multiplie les preuves de son prestigieux savoir, triturant ses petits leitmotifs avec une adresse déconcertante qui va, parfois, jusqu'à forcer l'admiration des auditeurs stupéfaits qu'il puisse, avec presque rien, faire quelque chose ; mais comme, à ce jeu subtil, on préférerait un peu de belle violence, même maladroite ! En dépit du duo final, empreint de passagère énergie : « Je ne pourrai franchir ce seuil qu'aimée ou morte », toute la fin de *Proserpine* m'a paru manquer d'accent, de conviction, — mais encore une fois, quel talent !

Si l'œuvre, comme je l'espère, dure sur l'affiche, M. Carré y sera pour beaucoup, qui l'a montée avec un goût intelligemment artistique ; et l'interprétation n'y nuira certes pas, infiniment supérieure à celle de la création. Madame de Nuovina, superbe en ces emportements d'amour et de haine, interprète cette musique probe avec autant de sincérité qu'elle en mettait à traduire les déshonnêtes violences de la *Navarraise*, et sa passion tragique contraste non sans saveur avec la douceur gracile de mademoiselle Mastio, Angiola aux puretés délicatement troublantes, un lys de Burne-Jones. M. Clément est un amoureux qui chante amoureusement ; M. Vieuille-Renzo, de diction nette, montre d'admirables qualités vocales ; enfin l'excellent Isnardon, loqueteux aux facéties inquiétantes, ivrogne truculent, compose en artiste très sûr son personnage de Sparafucile cambrioleur.

30 novembre 1899.

A Bruxelles, il paraît que la *Symphonie* d'Albéric Magnard a été applaudie de la bonne magnard ; les fanatiques prétendent même que, depuis la « Symphonie sur un thème montagnard », rien d'aussi épatant ne leur est venu du pays franc*k*ais ; Octave Maus en a été renversé de stupéfaction, *procumbit humi Maus*, dirait François de Nion qui, pour le calembour latin, ne craint pas Cicéron.

En Scandinavie, le violoniste Marteau et le pianiste Grovlez, deux jeunes d'avenir, et déjà de présent, continuent à propager triomphalement la musique française ; au bruit de leur succès, l'ineffable Sinoquet (d'Hallencourt) s'est hâté de leur expédier les insignes de membres de son « Institut populaire de France », l'assurance de sa considération distinguée et une lettre vaseuse dans laquelle il exprime l'espoir que « cette haute récompense » (une quincaillerie inventée par lui pour aguicher le gogo) « sera le couronnement de leur noble carrière (*sic*). »

Les « grandes auditions » de *Tristan* ont complètement réussi (toutes ces dames sont wagnériennes, aujourd'hui même, surtout, celles qui ne pourraient pas solfier le *Chamberlain va-t-en guerre, mironton*, etc., musiqué par un petit neveu de Meyerboër), et devant l'affluence des demandes, on a dû gigonner quelques auditions de supplément, à prix plus abordable. Le malheur, c'est que les marchands de billets ont raflé toutes les places à cinq francs pour les revendre un louis, combinaison que M. Lamoureux n'aurait pu déjouer qu'en installant aux guichets des agents de la Sûreté — si tous ne fonctionnaient pas au Luxembourg — habitués aux visages de ces louches accapareurs ; faute de cette précaution, les vertueuses intentions du Patron n'ont servi à rien. et le prolétaire intellectuel, qui a droit à la Beauté, s'est fouillé une fois de plus ; la vertu sans *agent* n'est qu'un meuble inutile ! (pour consoler les mélomanes pauvres déçus de n'avoir pu applaudir ni l'exquise Litvinne à la pure voix infrangible, ni la vaillante et passionnée Pacary, ni Janssen aux gracilités poétiques, félicitons-les de n'avoir pas écopé mademoiselle Darlays dans le rôle de Brangaëne).

Il faut pourtant que je me décide à parler des concerts : si j'ai pris, pour arriver au Château-d'Eau, le chemin des écoliers, c'est que je me déclare impuissant à extraire de mon cerveau des considérations inédites sur la *Pastorale*, cette œuvre, comme toute musique abstraite, ne supportant guère de commentaires particuliers, et les généralités sur Beethoven étant épuisées. Tout ce que je puis constater, c'est que l'exécution du gendre ne pâlit point auprès de celle du beau-père. Lafreté en convenait, et le blond Carraud avec le brun Lalo, de même que Pottecher à la fine tête pensive. Cependant George Vanor préparait sa conférence sur Gluck et les profanes le croyaient endormi.

Splendidement enlevée, ô Chevillard, la splendide ouverture d'*Egmont*, chant de servitude révoltée que suit une explosion libératrice. A la violence initiale — des accords tyranniques, massifs comme Blowitz, mais mieux construits — une plainte angoissée succède, qui se déroule scandée par les sourdes pulsations des timbales... mais je ne vais pas vous analyser ce chef-d'œuvre que tous, vous connaissez évidemment par cœur, à moins d'être aussi nuls, en musique, que Gœthe lui-même (quand je pense que cet homme n'a jamais rien compris à Beethoven, pouah, il me dégoûte!)

Succès pour le jeune Cortot, qui pleyèle avec crânerie l'élégante *Fantaisie* de M. Max d'Ollone ; début de l'orchestre en *mi bémol*, brillant, le piano entre en *ut*, abondance de jolis petits détails ; fin en apothéose, moins distinguée que le reste et plus applaudie. Diémer envoie des baisers à l'exécutant : ah ! j'en suis jalouse !

Au Châtelet, foule compacte, transpirante et enthousiasmée par la *Vie du Poète*, Gustave Charpentier reçoit en plein visage une ovation dont il ne semble pas autrement incommodé : Montorgueil l'exalte, Gaston Leroux exulte. On m'a accusée de ne pas sentir la musique parce que je m'emballais moins qu'autrefois sur cette œuvre truculente ; possible, quoique « le sens de la musique existe pour quiconque a la grâce d'être sensible » selon le mot très juste de Ch.-Henry Hirsch, et sensible, ah ! je ne le suis que trop ! (Je puis fournir des attestations signées de noms connus...) Vu la charmante Mastio-Angiola, Squarocca-Isnardon, le savoureux décorateur Jusseaume, MM. Albert Carré et Messager. Vrai, si les ouvreuses avaient été mieux stylées, je me serais crue à l'Opéra-Comique.

4 décembre 1899.

J'aime autant vous prévenir tout de suite, loyale, que cette « lettre » se traînera, particulièrement niaise, parce que je suis enchiffrenée à périr ; mon rhume a commencé en chemin de fer, entre Angers (où j'étais allée voir *Hulda*) et Paris ; il n'a fait que croître et enlaidir après la soirée de madame Marguerite Durand pour la-

quelle j'avais cru bien faire de me décolleter
jusqu'à l'âme. Présentement, je vois à peine,
j'entends fort mal ; encore un peu d'aggravation
et je ressemblerai à Torchet le sourd-aveugle
qui me signale avec insistance au Conservatoire, alors que je suis installée rue de Malte,
bercée languidement par les effluves musicaux
(je dis *caux*) qu'avec son magique bâton — de-
dans le Château-d'Eau déchaîne — Chevillard,
gendre du Patron, ton, ton, tontaine, tonton !

Malgré tout, je ne regrette pas d'avoir entendu, jeudi, l'opéra du père Franck, monté par
M. Giraud comme peu de scènes parisiennes
sauraient le faire ; on m'a reçue à ravir, là-bas ;
ma consœur « l'Habilleuse » m'a présentée au
procureur de la République, M. Paillot, ainsi
qu'à M. le substitut Brunet, deux mélomanes
convaincus ; l'excellente Hulda-Brietti s'est
chargée de me recommander à la magistrature
assise, et j'ai même trouvé — sans le chercher,
certes — un magistrat couché : je pourrais chi-
ner le Ballet, aussi mal réglé que la mère Gi-
gogne, mais je préfère constater l'immense succès de l'œuvre (pareil à celui qui accueillit hier,
à l'Opéra-Comique, la reprise de *Fidelio*), et
rendre hommage au mérite du chef d'orchestre
Samuel Bovit, de qui l'on ne peut dire, comme
de son piètre prédécesseur, qu'il *daube l'art*.
(A toi, Patissier !)

Au Château-d'Eau, souple et délicieuse exécution du *Capriccio espagnol*, de Rimsky-Korsakow ; dire que j'ai bêché, jadis, cette exquise fantaisie ! Est-on bête quand on est jeune ! (c'était en 1896) ; hier, ces accouplements incestueux de violon solo et de tambour m'ont remplie d'aise, et le savoureux contrebasson des « Variazioni » en *fa* empreintes d'une tendresse *tra los montes* si transpyrénéennement déclamatoire, et l'étincelant « Fandango » qui se précipite vers une étourdissante galopade finale. Jean d'Udine riait aux anges et Fernand Mazade, ensorcelé, en oubliait de rêver à son adorable adaptation des *Bacchis*, de Plaute, pièce à plautage, tu penses !

Dans l'air d'*Iphigénie en Tauride*, qu'a chanté madame Blanche Marchesi, je trouve madame Raunay exquise ; non que je veuille nier l'acquis de la cantatrice du Château-d'Eau, depuis si longtemps cotée, surtout à Londres, mais son timbre ne me passionne pas (sans que ce timbre soit, pour cela, oblitéré) ; et puis, pourquoi dramatiser, lancer un « Mammm...ère » comme s'il s'agissait d'une glande ? Pourquoi se faire accompagner au piano ? Pourquoi... ?

En bonne justice, je devrais remarquer que cette chanteuse étoffée a mieux interprété le beethovenien *Ah ! perfido*, qui a un peu perdu ses cheveux... (il n'est pas le seul), mais la place me manque, et je voudrais risquer une observation à propos de la symphonie en *ut mineur*,

13.

que notre orchestre a jouée très bien, trop bien.

Mon Dieu oui ! beaucoup trop bien. Qu'on s'extermine à fignoler jusqu'au délire le Rimsky-Korsakow, que Sechiari y fioriture parmi les extases, qu'on y prodigue les oppositions de sonorités et de rythmes les plus pâmées, rien de mieux ; mais, pour présenter Beethoven, ce maquillage est inutile, voire nuisible. Toutes les adresses n'y pourront rien, la symphonie en *ut mineur* n'en deviendra pas musique à la mode ; laissez aux chefs-d'œuvre d'antan leur robustesse probe ; n'est ce pas, doctoresse Gaches-Sarraute, que vous ne seriez pas assez folle pour mettre un corset à la Vénus de Milo ?

Amas d'épithètes, mauvaise louange ; amas d'intentions, mauvaise interprétation ; on finit, à force de nuances, par morceler l'admirable Andante et par déplacer les effets (quand les violoncelles reprennent, pour la deuxième fois, le thème en valeurs brèves, les violons, trop en dehors, l'écrasent). Heureusement, à partir du fameux et furieux trait des basses, la vitalité se retrouve et chasse cette perfection figée dont, pour moi, je me fige pas mal…

Parlez-moi du Châtelet ! Là, au moins, on ne se fend pas les trous du nez en quatre pour brillanter de nuances inédites la *Symphonie avec chœurs !* Ah ! fichtre non ! Les violons à la va-comme-je-te-pousse, les bois à la va-comme-je-te souffle, tout le monde à la six-quat'-deux, et on se retrouve aux points d'orgue ! Je vous recommande, dans le quatrième compartiment de l' « Andante », une figure d'accompagnement, indiquée *dolce*, que les violons vous enlèvent avec une farouche vigueur ; ah ! c'est le cas de dire qu'ils se payent la « figure »... de Beethoven. La morale de cette histoire, c'est que M. Colonne fera bien de ne pas mettre trop souvent ses instrumentistes à Laporte pendant que lui-même fanatise la Catalogne en conduisant *Tristano* de manière à mériter les cordons d'Isabelle-la-Catholique, de Charles III, etc., etc. Se méfier des cadeaux en Espagne !

Bien qu'exécutée à ravir par Diémer, la 2e *Fantaisie* de M. Périlhou ne me dit rien, je n'en dirai donc rien non plus ; le *Magnificat* y revient avec une périlhoudicité plutôt rasante.

11 décembre 1899.

Il m'est arrivé, la semaine dernière, une aventure très embêtante : j'ai eu la moitié du cerveau gelé ! En raison de ce semi-gâtisme, j'ai passé huit jours à dire blanc quand je voulais dire noir, à écrire « Blowitz » pour « galant homme » ; bref, à bafouiller de façon nauséabonde (aujourd'hui, ça va beaucoup mieux, merci); de sorte, que voulant vous parler de Nantes, où j'avais ap-

plaudi *Hulda*, j'ai écrit Angers, alors que je
sais les mélomanes rétrogrades de Maine-et-
Loir encroûtés dans les plus désuètes *Héro-
diades*. Je me hâte de réparer cette gaffe avant
que le terrible *Ouest-Artiste* la signale, toujours disposée d'ailleurs, à prendre les devants,
— ce qui me distingue d'un vieux polisson lequel, dans les couloirs du Château-d'Eau, cher-
chait sournoisement à me prendre le contraire.

Avant mon exode à Nantes, j'avais filé sur
Barcelone, où triomphe dans *Tristan* notre
compatriote Engel dont je ne catalogne plus les
succès ; ils sont trop ! Rappelons aux continua-
teurs de Vapereau que le fils du précité Engel,
dessinateur narquois (José pour les p'tites
femmes), blasonna la couverture de la *Colle aux
Quintes* d'un Vincent d'Indy affichant une
« succession » devant laquelle fuient (comme
devant une *idem* obérée de dettes des hoirs
timides) les pompiers conservatoriaux... Et
puisque *Tristan*, faisant fureur en Espagne
comme à Paris, m'en fournit l'occase, laissez-
moi vous signaler cette perle d'euphémisme que
je trouve dans le *Journal des Demoiselles* :
« Brangaene a fait prendre à Tristan et à Iseult
un philtre d'amour... et ils en causent un peu. »
Oh ! si peu !

L'*Écho de Paris* n'ayant pas voulu m'allouer
des frais de déplacement assez somptueux, j'ai
renoncé à entendre mon ami Vianna da Motta

pianister, devant le public de Buenos-Ayres et
de Montevideo, les compositeurs français Bizet,
Chabrier, et aussi Alcan qu'il gobe avec une
frénésie dont je suis surprise, car cette musique
démodée fich alcan bien vite... Comme Nancy
est moins loin que l'Amérique du Sud (mais plus
frigide, hélas !) j'y courus, il y a trois jours,
ouïr le *Merowig* de Montorgueil et Samuel
Rousseau ; dans la salle, Henri Lichtenberger,
le plus érudit des wagnériens français ; Boulay
aux trajectoires redoutées, Gouttière-Vernolle
fécond en calembours (pouah !), le bon violoncelliste Pollain ; Guy Ropartz couvant d'un œil
attendri les charmantes pianistes Hélène et
Marguerite Moulin qui interprétèrent sa belle
« Fantaisie » en *ré*, transcrite par Gaston Vallin, — il était là aussi, Vallin, même qu'il m'a
montré plusieurs habituées de la brasserie Vien-
noise (elles ne doivent comprendre que la Chanson des grues et des oies), affublées de toilettes
d'un goût hispano-beuglant, plus ou moins
« otéroclites » comme dit Justice. On a vigoureusement acclamé le musicien, qui, de la loge
préfectorale. dut saluer son bon peuple ; je le
voyais s'épanouir et je me disais tout bas :
« Monte, orgueil »

Ah ! j'oubliais encore un voyage ! Je suis
allée à Saint-Eustache et j'y ai vu, amoncelés
dans la partie droite du transept, les morceaux
de l'estrade sur laquelle battra la mesure Eugène

d'Harcour (un batteur d'estrade, quoi !) le
18 janvier, au milieu de trois cents personnes,
dont un tiers d'instrumentistes à la tête des-
quels brillera le feu de Laforge, et deux cents
choristes éduqués par Borde qui règne sur les
chœurs. On donnera d'abord le *Messie* (pour la
plus grande joie de l'éditeur Baudoux, qui lance
le jeune musicien Hændel, sous le· patronage de
Hettich); puis viendra le *Requiem* berliozien,
tonitrué par quatre cents exécutants répartis en
cinq orchestres. Où les logera-t-on ? Il faudra
faire tenir dix timbaliers dans un espace de
quatre mètres carrés. Les timbaliers seront
pressés !

Quelques vides au Château-d'Eau ; c'est si
loin, cette rue de Malte ! Le Borne a fait venir
le ministre Leygues pour entendre *Mudarra*
dédiée à l'ex-ministre Léon Bourgeois. Quelques
docteurs musicaux, Koff-Benfeld, Blondel-Bru-
nel, et autres mélomédecins idoines à extirper
le cor anglais ; des compositeurs : Léon Moreau,
qui a beaucoup de cheveux ; Camille Erlanger
qui en a plus que moi, le smart Changeart délégué par la garnison de Caen (vive Dubuc !) pour
acclamer le Russe Rimsky-Korsakow, joué avec
une fantaisie étincelante, le baron de Lastours,
la comtesse de Chaumont Guitry, madame Maurice Gallet, et, dans les hauteurs, quelques élégances de la Butte, toutes fourrées de Mont-mar-
tre zibeline.

Des fragments de *Mudarra*, que fit applaudir madame Marcy, je n'ai guère compris que de petits passages, mar cy par là ; décidément. Le Borne, cher aux dames, écrit une musique trop compliquée pour mon incompétence, tant il est polyfaunique (je le dis sans satyre). Son prologue, avec une mesure à cinq temps, fanfares, solo de clarinette, danse marocaine, etc., je veux l'entendre encore : dès qu'on reprendra *Mudarra* à Berlin, je demanderai une passe à Choudens et je cinglerai vers les bords de la Sprée, sprécipitamment.

Les oreilles bourdonnantes des bravos suscités par le violoncelliste Casals, je fuis vers le Châtelet, où Diémer, excellent dans le *Magnificat* élaboré par M. Périlhou de Saint-Séverin (gentille mélancolie des cors sous les trilles légers du piano), s'affirma, dans un Liszt éperonné, si bellement fougueux, qu'il dut repiquer et fignola du Dacquin.

Entre la traduction de l'*Ode à la Joie*, par Wilder, et celle d'Alfred Ernst, M. Colonne hésitait, tel Hercule entre le Vice et la Vertu ; il a fini par en choisir une troisième, vénielle, c'est son droit. Je regrette seulement que le versificateur élu, M. Boutarel, n'ait pas translaté le début panamiste : « Joie, fille de l'Elysée !... » On se serait tordu.

18 décembre 1899.

Théâtre de l'Opéra-Comique. — L'*Irato* ou l'*Emporté*,
opéra-bouffe en un acte, de B.-J. Marsollier, musique
de Méhul. — *Orphée*, de Gluck : débuts de mademoiselle Gerville-Réache.

L'*Irato*, comme *Joseph*, fut composé à la
suite d'un défi. Le premier consul, chez qui
Méhul fréquentait assidûment, ne lui avait point
célé, très médiocre connaisseur en musique, qu'il
le croyait incapable de réussir des compositions
dans le goût de Paësiello et de Cimarosa. Piqué
au vif, Méhul se mit en quête d'un livret comique à la façon des parades italiennes ; Marsollier lui fournit l'*Emporté*, petite bouffonnerie
sans prétention, mais alerte, et dont les personnages soulignent eux-mêmes, non sans une
certaine drôlerie parodique, l'invraisemblance
traditionnelle. L' « emporté », vieillard follement
irascible, s'est mis en tête de déshériter son
neveu Lysandre au profit d'un barbon ridicule à
qui, munificent jusqu'à l'extravagance, il veut
aussi donner sa nièce Isabelle. Mais Isabelle
aime son cousin Lysandre et Lysandre aime sa
cousine Isabelle. Nul ne s'étonnera qu'après un
laps décent l'emporté s'apaise et consente à
unir les amoureux sur cette déclaration de
Lysandre : « Illustres compagnons d'infortune,
précipitons-nous tous à ses pieds... cela réussit
toujours à la fin des comédies. »

L'*Irato* achevé en grand mystère, Méhul fit répandre le bruit qu'on répétait au Théâtre-Feydeau un opéra d'un compositeur italien, il signor Fiorelli, « jeune homme qui annonçait un talent distingué » quand, par malheur, la mort « l'enleva aux arts à la fleur de son âge. » C'est seulement à l'issue de la première représentation, qui fut triomphale, que l'acteur Martin révéla au public le véritable nom du soi-disant Fiorelli ; à la suite de ce succès, Méhul dédia son œuvre au « général Bonaparte, premier consul de la République française », comme on peut encore le lire sur la partition publiée par Choudens.

Les érudits — gens insupportables — ont accoutumé de s'extasier sur le seul quatuor de l'*Irato*, comme si le reste de la partition manquait de finesse et de gaieté ; de vrai, on ne saurait mépriser le trio : « Femme jolie et du bon vin », avec ses amusantes entrées canoniques, la romance de Lysandre, dont le refrain : « Il me faut mourir de douleur », sautille sur le plus guilleret des allegro, et le tumultueux finale, autant de morceaux qui, si j'ose dire, semblent écrits au tintement des grelots de la Folie, sous la riante inspiration de Bacchus et de Momus...

Cette parodie, toute pleine de vie et de mouvement (infiniment supérieure au vulgaire *Caïd* qui, cependant, demeure l'œuvre la plus supportable d'Ambroise Thomas), M. Albert Carré a eu grand raison de la reprendre, et l'on ne saurait trop applaudir à son intention de remonter d'autres « vieilleries » restées jeunes, entre autres *Bastien et Bastienne*, ce naïf bijou ciselé par Mozart enfant.

L'*Italo* est joué avec bonne humeur par MM. Belhomme, effervescent à souhait, Delvoye, Carbonne et mademoiselle Eyreams, tous costumés avec une exactitude hilarante.

*
* *

Attendus depuis près d'une année, les débuts de mademoiselle Gerville-Réache excitaient une curiosité vive ; on la savait élève de Rosine Laborde, l'excellente formatrice des Héglon et des Calvé ; on espérait beaucoup d'elle ; j'espère encore... La nouvelle titulaire d'*Orphée* possède une voix étendue, ronde dans l'aigu, robuste dans le grave ; puisse-t-elle acquérir quelque jour un médium soutenu ! Il ne lui restera plus, alors, qu'à se préoccuper de son jeu. — On l'a, hier, applaudie avec véhémence.

J'aurais voulu fleurir d'épithètes admiratives l'incomparable chef d'orchestre qu'est M. André Messager, toujours précis, vigoureux et souple, mais je me vois contraint d'employer les dernières lignes dont je dispose à la louange de M. Carré ; car nul metteur en scène, ni à Paris,

ni à Bayreuth (ô Cosima !), ni même chez les
Meiningen, n'égale ce magicien. Le très compétent Fierens-Gevaert comparait, hier, avec raison, à certaines figures de Mantegna, les pleureuses du premier acte groupées, en leurs harmonieuses draperies violettes, autour du tombeau d'Eurydice. Et c'est proprement un charme
que ce « Séjour des âmes bienheureuses », ensoleillé par M. Rubé de pure allégresse, paysage
de lauriers-roses aux graciles élégances, aux
tonalités souriantes, aux ondes translucides, qui
semble un rêve d'eurythmie antique réalisé par
un quattrocentiste inspiré...

21 décembre 1899.

.La dernière fois que je vis Charles Lamoureux,
— « l'Ouvreuse » parla au « Patron », en tout,
deux fois... — il me parut, sinon abattu, du moins
lassé par l'épuisant labeur qu'avaient nécessité
les répétitions de *Tristan*. Néanmoins, comme
je lui demandais s'il ne croyait pas avoir bien
mérité quelque repos, il me répondit vivement :
« Quand je me suis proposé un but difficile, à
peine l'ai-je atteint que je me sens reposé ».

Tout l'homme est là : infatigable, et tenace,
inébranlablement.

Il ne fallait rien moins que cette opiniâtreté

merveilleuse pour imposer à la légèreté du public français, au mauvais vouloir de la critique française, les sublimités de la musique allemande résumées pour lui en Richard Wagner. C'est à cette tâche que l'incomparable chef d'orchestre s'était voué. Rien ne put l'en détourner jamais.

Un moment, ses ennemis pensèrent l'avoir abattu, en 1887, quand la lâcheté du ministère de l'Intérieur — au lieu de prendre sous sa protection les représentations de *Lohengrin*, inoubliablement belles — permit que la tremblante prière d'Elsa fût couverte par les huées de la populace assiégeant l'Eden ; ce jour-là, blessé au vif dans sa dignité d'homme et d'artiste (je ne parle pas de l'énorme perte d'argent subie ; pour ce désintéressé, la question n'existait pas), écœuré de la couardise gouvernementale qui le livrait sans défense aux coups du complot, point illusoire celui-là, fomenté par des éditeurs inquiets sur l'écoulement de leurs stocks démodés, par des musicastres bassement jaloux, par une poignée de sous-littérateurs en mal de réclame et par quelques douzaines de marmitons à quarante sous la conviction, ce jour-là, on crut Lamoureux à terre, définitivement. C'était mal le connaître. Il se promit une revanche éclatante ; il l'attendit douze ans ; vengé du désastre de *Lohengrin* par le triomphe de *Tristan*, il est mort satisfait.

Fervent adorateur de Wagner, il comprenait

malaisément qu'on osât élever d'autres autels qu'à son dieu ; son gendre, Camille Chevillard, d'esprit plus éclectique, conduit, avec une infinie habileté, l'œuvre symphonique de Schumann, ouvre ses programmes aux représentants de la féconde et savoureuse école russe, cherche, trouve... Lamoureux goûtait peu ces incursions et prêchait le retour à Wagner, toujours à Wagner, qu'il admirait comme Montaigne aimait Paris, jusque dans ses verrues, car il dirigeait les tapages de *Huldigungs-Marsch* avec la même piété que les splendeurs mystiques du prélude de *Parsifal*

Ce serait pourtant une grossière injustice que de prétendre, comme d'aucuns l'ont osé faire, que ce chef d'orchestre sans pair ne s'intéressait pas aux musiciens français : nul n'exécuta avec plus de maîtrise la grande symphonie avec orgue de Saint-Saëns, la *Danse macabre* et toute cette ingénieuse littérature musicale dont la perfection technique le ravissait ; après quelques hésitations, il interpréta les hautaines pages de César Franck de façon à charmer les nombreux élèves du Maître ; animé envers Vincent d'Indy d'une bienveillance qui ne s'étendait pas indistinctement sur tous les membres de la jeune école, il dirigea le *Chant de la Cloche*, magistralement ; pour Chabrier, de qui la *Briséis* lui restait chère, il fut toujours l'ami le plus chaud, le prôneur le plus ardent ; il s'essaya, avec des fortunes

diverses, à l'éblouissant *Apprenti sorcier* de
Paul Dukas, aux élégances réalisées dans *Fiona*
par Bachelet, à Marty, à Galeotti, à Letorey, à
d'autres Français encore.

Mais c'est toujours à Wagner qu'il revenait
avec une dilection particulière ; c'est Wagner
dont il se considérait comme l'importateur en
France, abandonnant à M. Colonne le soin de
propager Berlioz ; c'est pour Wagner qu'il multi-
pliait les répétitions coûteuses, recommençant
vingt fois le même passage, acharné à la recherche des intentions les plus délicates ; c'est par
Wagner qu'il a commencé, c'est par Wagner
qu'il a fini, et l'on pourrait s'attendre à une dura-
ble reconnaissance des gens de Bayreuth... si
l'on ne savait toute la nauséeuse ingratitude de
ces mercantis.

22 décembre 1899.

Théâtre-Lyrique de la Renaissance. — Première représentation de l'*Hôte*, pièce lyrique en trois actes, tirée
de la pantomime de MM. Michel Carré et P. Hugounet,
poème de M. Michel Carré, musique de M. Edmond
Missa.

A la frontière de l'Est. Un soir d'orage, sous
la pluie battante, un homme frappe à la porte

(j'ai l'air de raconter le *Walkyrie*), à la porte du garde-forestier Hans ; malgré ce temps à ne pas mettre un chien de fusil dehors, le vieux brave est pourtant sorti avec son lefaucheux pour faire sa ronde ; sa fille, Rozel, reçoit l'étranger, garçon de bonne mine qui dit se nommer Walter Knepel et cumule, à l'entendre, les éminentes dignités de poète et d'herboriseur. Tant de qualités, visiblement, touchent le tendre cœur de Rozel. Mais nous, vieux Parisiens sceptiques, nous conservons quelque défiance à l'égard du personnage : nous avons aperçu, tandis que la naïve Rozel vaquait à quelques soins ménagers, le soi-disant Walter Knepel faire disparaître dans sa poche un carnet oublié sur une table par Pierre, sergent-fourrier du fort voisin. Comme nous n'ignorons point quelle importance considérable présente, pour la défense nationale, un carnet de sergent-fourrier, nous avons frémi en voyant Walter détourner ce document capital et nous nous sommes dit tout de suite : cet homme est un espion.

Malheureusement, le garde-forestier Hans ne possède aucunement notre perspicacité : il fait bonne figure à l'hôte accueilli par sa fille et, un mois écoulé depuis le soir d'orage où Rozel le reçut, Walter Knepel est encore là. Il n'a point perdu son temps. Il s'est fait aimer de la jeune fille et agréer comme gendre par le père. Au milieu d'un souper donné chez le père Hans, le

jour du concours annuel de tir, le vieux garde-
forestier, qui s'est classé premier en réussissant
un « carton » admirable, proclame les fiançailles
des deux jeunes gens ; cette nouvelle n'excite,
d'ailleurs, aucun enthousiasme parmi les con-
vives, à qui Walter Knepel, comme on dit, ne
revient pas.

Mais Dieu, qui aime les Francs, ne saurait
plus longtemps tolérer le succès de l'espion :
Walter Knepel perd, à son tour, le carnet déjà
perdu par le sergent-fourrier qui rentre ainsi en
possession de son bien : on devine l'angoissant
soupçon qui mord au cœur cet excellent sous-
officier quand il constate que plusieurs pages de
ce calepin fugace ont été arrachées. La sécurité
de nos frontières, l'intégrité de notre territoire
apparaît terriblement compromise : le fourrier et
deux vieux amis de Hans entraînent dans la
chambre de l'Hôte le garde-forestier consterné.
On trouve là les preuves complètes de la
trahison ; Rozel, cachée derrière un rideau,
assiste à la perquisition et connaît l'infamie de
son fiancé : elle veut pourtant sauver la vie de
celui qu'elle aime. Mais, au moment où Walter
Knepel s'enfuit, l'alarme donnée, le clairon du
fort sonne la générale ; poursuivi, l'espion revient vers la maison du garde : le vieil Hans
l'abat d'un coup de fusil : « Père, tu as bien
fait ! » s'écrie, en sanglotant, Rozel.

« L'*Hôte* est un drame intime, d'une action

très serrée et très vivante, d'un intérêt puissant. C'est la vraie comédie lyrique, sans hors-d'œuvre ni longueurs, et dont le troisième acte est un des plus poignants effets de théâtre. » Tel est le jugement formulé sur un petit papier que nous a gracieusement offert l'administration de la Renaissance; elle doit s'y connaître mieux que moi, et cet éloge du livret de M. Michel Carré peut suffire, pourvu que l'on y associe M. Paul Hugounet qui collabora à la pantomime, longtemps jouée aux Bouffes-Parisiens, d'où est tirée la pièce actuelle.

Le même communiqué affirme la musique de l'*Hôte* pittoresque et expressive; sans lui, je l'aurais trouvée déplorablement banale : à quoi tiennent les jugements humains !

Non que M. Missa ignore son métier (nul musicien aujourd'hui ne l'ignore plus hélas !) Il use des instruments à vent non sans habileté et plaît en leur confiant des doublements de la ligne mélodique qu'on est tout heureux de ne plus entendre ronronner par les sempiternels violoncellistes; dans le prélude du deuxième acte, j'ai remarqué de jolis effets de cor; l'Ouverture — où le vieil air alsacien du Lauterbach contraste ingénieusement avec des sonneries de clairon — l'Ouverture sonne bien, et presque toute la partition.

Mais quel supplice de constater qu'un compositeur perd son temps, et le nôtre, à orchestrer

proprement de si piteuses rengaines ! Cadences
éculées, laissées pour compte de Massenet, patriotisme de café-concert, invocation paternelle :
« Fillette, fillette... » rappelant trop : « Adèle,
t'es belle », M. Missa ne nous a rien épargné.
Et les contresens musicaux abondent, soit que le
musicien néglige de souligner certains détails
scéniques, fort habiles, du librettiste, soit qu'il
pousse l'incurie jusqu'à faire roucouler au forestier ses cruelles angoisses : « O Pierre, songe
à Rozel... » sur un air de valse !

D'ailleurs, l'*Hôte* a été accueilli par le public
aussi cordialement que par Hans ; on a réclamé
l'auteur à grands cris, on a bissé à mademoiselle Frandaz, cantatrice grande, d'anodins couplets : « La fleur du houblon c'est la fleur
d'Alsace », et M. Soulacroix — forestier aussi
réussi qu'exécrable Oreste gluckiste — aurait
pu recommencer, sans nulle protestation, sa
chansonnette militaire. Un petit trio syllabique
a plu, qui célèbre la joie éprouvée par des amis,
par des vrais amis, à se trouver « le ventre à
table ». M. Bonijoly, pied de banc du 31ᵉ vi-
triers, a fanatisé le poulailler.

Dans *Pierrot puni*, lever de rideau sans
génie, que M. Cieutat ne craint pas d'intituler
« opéra-comique », mademoiselle Mary Lebey
montre une gentillesse délicate.

24 décembre 1899.

Trois jours avant sa mort, le Patron se présentait à la porte de la Bodinière, alléché par l'astucieuse interdiction que proclamaient les affiches de George Vanor : « Aucun homme ne sera admis à entendre la conférence sur le *Baiser...* » Embarrassée, une ouvreuse qui le connaissait argua de sa consigne : « Je suis désolée, M'sieur Lamoureux, mais les ordres sont formels... — Bah ! laissez donc, ma fille, ce n'est pas moi, c'est une vieille anglaise qui me ressemble. » Et il entra, gaillard.

Car cet excellent homme, que les raseurs virent et dirent toujours rogue, pétillait de gaieté. Ses intimes m'ont parlé souvent, avec une admiration désopilée, de certain quadrille de *Tristan* (!), martelé sur les touches craintives de son Pleyel par le sacrilège Chabrier, quadrille d'une wagnéro-démence balocharde où Lamoureux se lança dans un « cavalier seul » à faire pâlir Valentin le Désossé... Mystificateur, en outre, je me souviens de l'avoir entendu, à Bayreuth, expliquer gravement aux bons snobs parisiens attablés chez Angermann que son feutre gris — un quelconque galurin de voyage acheté à l'*Hérissé* — venait directement d'une chapellerie wagnérienne de Munich : « C'est le chapeau-Wotan ; on ne le trouve que chez Hosenscheisser ! » Et les auditeurs notaient l'adresse ; et ses yeux flambaient de malice ; et, les quittant, il prenait le bras d'Alfred Ernst (encore un mort) et lui chuchotait à l'oreille : « Filons ! qu'ils aillent se faire... feutre ! »

Dur avec les musiciens ? Oui. En ses empoignades, il n'épargnait pas plus les virtuoses auréolés de gloire que les aides-timbaliers ; il bousculait des pianistes en renom, comme Madame Montigny-Remaury et Harold Bauër ; des directeurs comme Carvalho et Gailhard ; il aurait vitupéré Sainte Cécile si cette mélomane paradisiaque s'était permis des libertés avec la mesure ; il exigeait beaucoup pour obtenir beaucoup. Mais aussi il se montrait toujours sans pitié pour soi-même, surmenant et malmenant son corps épuisé... Je le vois encore, dimanche dernier, au Château-d'Eau, conduisant avec sa fougue précise la symphonie en *ut mineur* sans presque jamais s'asseoir, bien las cependant, sur la chaise installée près de son pupitre, insensible aux regards d'affectueux reproche que lui lançait Madame Chevillard. Cet infatigable n'était pas fait pour traînailler ses maladies parmi les potions et les cataplasmes ; la mort l'a fauché d'un seul coup.

Mes « Lettres », aujourd'hui trop bénignes (mais si, mais si...), je les écrivais jadis, avec mon cher Ernst, dans *Art et Critique*, toutes pleines d'une rosserie que ne peuvent imaginer les lecteurs accoutumés à ma douceur actuelle. Le bouillant chef d'orchestre s'exaspérait à constater ces critiques acerbes ; un jour, il n'y tint plus, et se précipita — cyclone — dans les bureaux de la revue ; on l'introduisit chez le directeur (Jean Jullien, devenu dreyfusard, que je ne vois plus et que j'aime toujours), et il lui clama ses griefs : « Cette ouvreuse anonyme me blague, m'asticote, me turlupine... » Jean l'écoutait, impassible, fourrageant sa barbe insoucieuse. « Et continua Charles Lamoureux, cette dame affecte une familiarité révoltante ; elle me tutoie ! Elle m'appelle Charles ! » Alors l'autre, conciliant : « Dites-moi quel prénom vous désirez qu'elle vous donne... » Désarmé, l'excellent Patron prit le parti de rire ainsi qu'un abonnement à *Art et Critique*.

Ses plus mousseuses colères, un bon mot les dégonflait. J'ai souvenance d'une orageuse répétition de *Tristan* où tout le monde trinqua », selon la forte expression de Bossuet : Mademoiselle Muelle, qui ne livrait pas ses costumes à temps ; Lafarge, dont la perruque déplaisait au Patron ; Brangaene-Darlays, très pistonnée par la presse, mais exécrable ; un vieux bouif alsacien, qui prenait tous les figurants à témoin de son indignation : « Il m'a abbelé impécile ! » ; l'ouragean finit par s'abattre sur un mécanicien qui, Parisien plutôt à la coule, répondit simplement avec une rondeur toute militaire et un accent délicieusement faubourien : « La jambe ! » Ce fut fini ; Lamoureux, rasséréné, se montra d'une humeur exquise.

Adieu, cher, simple et loyal Patron ; pour la dernière fois, avant d'ouïr les harmonies des sphères, vous avez entendu nos mélodies d'ici-bas, le bon vouloir d'Auguez, le charme souple de Geloso, et les habiletés wagnériennes de Galeotti à Saint-Ferdinand-des-Ternes, puis, au cimetière Montparnasse, les phrases mélodieuses soupirées par Vanor. Tous vos intimes vous pleurent amèrement, et moi, qui ne vous connaissais guère, je vous regrette de tout mon cœur. Je suis sûre que vous allez importer là-haut *Parsifal* (si Cosima ne s'y oppose), et que, chaque lundi, fidèle à vos habitudes, votre premier soin sera de lire la « Lettre » de votre vieille Ouvreuse ; adieu !

*
* *

Au Conservatoire, jeudi, « Étude » de M. Letorey, dite « symphonique », parce que, dans ce Mendelssohn wagnérisé, tous les instruments font du bruit ensemble. D'ailleurs, ça sonne bien. De M. Bloch, une orientalerie d'élève, *Poème nomade*, avec soli d'instruments à vent, grupetti, réminiscences de la rue du Caire, et vers dus au grand-père de la *Reine de Tyr*. Ça ne révolutionne rien, en dépit de l'axiome de Clémenceau : « La Révolution est un Bloch. » Chœurs excellemment dirigés par Paul Hillemacher, de qui je voudrais bien entendre la *Circé*.

A Nancy, Guy Ropartz exhibe un parfait Cortot de derrière les bassons. En Avignon, Vincent d'Indy triomphe, malgré la rageuse cabale montée contre la « Société des Concerts symphoniques » par les directeurs du Théâtre et du Conservatoire interdisant à leurs sous-ordres de prendre part à une séance musicale assez perverse pour jouer autre chose que du Massenet ou de la Chaminade ; Mademoiselle Selva pléyèle le Beethoven bellement et Madame Tracol chante *Alceste* en grande artiste, quoi qu'en puisse penser certain couple potinier, — la communauté réduite aux caquets.

25 décembre 1899.

Jeudi dernier, chez M. Colonne, quelques vides. Il est vrai que la qualité remplaçait la quantité puisqu'il y avait là, d'abord, ce grognon de Willy, à tout *geigneur* tout honneur, — puis Gabriel Marie cher aux Bordelais (n'est-ce pas Samazeuilh ?), le barde Pierre de Bouchaud, André Messager, l'incomparable cappelmeister d'*Orphée* et de *Fidelio*, enfin un peintre à la mode flirtant avec deux jolies personnes en grand deuil (un Blanche vaut deux noires murmurait Clairin à l'oreille de son confrère Mathey). Parmi les manquants, j'ai remarqué... ah non ! ça serait peut-être un peu long… plus long encore que les laïus tenus à voix haute, pendant que mademoiselle Pregi chante, par les rapaces Ouvreuses du Nouveau-Théâtre, désireuses d'extirper un supplément de pourboire à leurs victimes.

Le jeune Georges de Lausnay a exécuté, très aimablement, les *staccato* qui lui valurent le prix du Conservatoire en juillet dernier, coups de poignets intitulés *Momento Capriccioso* par Weber (sans doute l'humoriste délicat autour duquel, avant-hier, le poète-conférencier Francis de Croisset réussit diverses désarticulations verbales et autres prouesses de Gymnase); quant à l'Andante en *si bémol* de la sonate op. 31, que la belle Roger-Miclos interprète avec une intensité de passion douloureuse capable de tirer des larmes à un caïman de la Haute-Cour, vous la jouerez encore mieux plus tard, éphèbe du clavier, rincé par la vie, quand deux ou trois chéries (des « matrones d'Éphèbes », disait la Fontaine) vous auront trompé avec autant — ou plus — d'amis intimes.

On a fort applaudi deux *Pièces canoniques* de M. Théodore Dubois, « schumaniennes », constatait mademoiselle Cécile Max, ce qui n'est pas un reproche adressé à l'aimable directeur de l'infect Conservatoire. Et Jacques Thibaud aidé de ses trois complices a prestigieusement enlevé le nouveau quatuor de Saint-Saëns, cher à Auguste Durand, œuvre plus qu'habile dont le premier temps et le début de l'*Adagio* me plaisent mieux que le *Scherzo* (jolie amusette rythmique en *mi mineur* de sentiment mélancolique, et pourtant applaudie frénétiquement), plus, surtout, que le *finale*, abondant en traits de violon qui ravissent ce bel indolent de Thibaud, surnommé « Eros vanné » par un de ses Thibaud-graphes.

Mademoiselle Pregi a chanté avec une émotion poignante l'*Absence* de Berlioz, si belle de désolation nue ; pour encourager ce compositeur de talent, M. Colonne a décidé de lui jouer dimanche prochain quelque chose de plus long, une *Damnation de Faust* point inédite, sauf erreur... Mademoiselle Pregi nous a également régalés d'une *Nell* où M. Périlhou a trouvé moyen de réunir la platitude et l'emphase, ce qui ne doit pas être commode... « La rose de pourpre à ton clair soleil, ô juin, étincelle enivrée !... » Cher Fauré, aux câlines langueurs !

Quand M. Colonne essaie de la musique de chambre dans un théâtre, je ne proteste pas ; s'il risquait de la musique de théâtre dans une chambre, je ne m'insurgerais pas non plus ; mais pourquoi nous imposer ces casinotardes *Impressions de campagne* de Godard, flonflons de station balnéaire idoines à corroborer l'action des eaux purgatives ?

Bonté divine ! J'allais oublier de vous parler

du Concert-Chevillard d'hier ! C'est que, voyez-
vous, je perds la tête, ce qui se comprend, un
jour comme le jour d'aujourd'hui ! Le jour où
pipelets, facteurs, glabres larbins, bonnes
épaisses, savent transformer en espèces leurs
compliments les plus menteurs ! Le jour des
vernis, des sifflets ; le jour où Monsieur, en
voiture, mire (tout abruti), sa hure à l'éclat de
son huit-reflets ! Visite à Madame Machin —
coût trois louis, — Madame Chose me promet
un beau bonnet rose pour mes étrennes... l'an
prochain ! Bonbons, marrons glacés, pourboires,
bouquets, joujoux, adieux mes ors et mes
argents, affreux déboires, corvée amère, amère
alors ! (C'est des octopodes, vous savez.)

La coquette *Revue Eolienne* de Toledo exalte
« l'Ange-Démon » du violon, Sarasate (*Sarah
Saily*, comme l'appellent quelques Anglais) et
cite un roman, *Ardath*, où « l'Orphée de l'An-
dalousie » est comparé à un lever de soleil, mon
Dieu oui !

Bon nombre d'auditeurs du Château-d'Eau
m'ont paru soulevés par le même extasiant
lyrisme quand le violoniste espagnol, au cours
du Concerto en *si mineur* de Saint-Saëns, dé-
tacha les arpèges en notes harmoniques « *rou-
coulés* par son archet », selon l'impayable
expression du musicographe Servières qui nous
entretiendra quelque jour des pizzicati du trombone... Si, après le *Moto perpetuo* supplémen-

taire, on n'a pas dételé les chevaux de Sarasate, c'est qu'il était venu à pied.

Fort belle exécution (peut-être supérieure à l'œuvre) de la schumanienne *Symphonie en mi bemol*, surtout du Scherzo où les badinages mélancoliques des violons sautillent sur la plainte des bois ; si j'osais, je déclarerais l'Andante un peu vide, mais je n'ose pas. — L'ouverture de *Gwendoline* passionne, si truculente, Raymond Bouyer qui traite Chabrier de « Rubens musical », tant ce wagnérisme montmartrois l'emballe. — Dans la salle : George Vanor qui recommande à Diémer la *Colle aux quintes* (merci), madame de Serres, la marquise de Mun, beaucoup de comtesses (il y a des jours comme ça), la comtesse de Franqueville, la comtesse d'Yanville, etc. Des paresseux, arrivés trop tard pour entendre l'ouverture de la *Grotte de Fingal*, vocifèrent, afin qu'on la recommence ; un nègre lampionne « L'ou-ver-tur' », croyant qu'il s'agit de Toussaint...

1ᵉʳ janvier.

A présent que ce pauvre Bertrand est mort, les gens du *Ménestrel* s'avisent de lui trouver des mérites, en abondance ; le défunt, paraît-il, prenait volontiers pour confident M. Arthur

Pougin ; c'est M. Arthur Pougin qui nous révèle
cette particularité peu connue et peu explicable.
A l'en croire (et pourquoi ne l'en croirions-nous
point ?), l'associé du tonitruant Pedro brûlait
de monter *Armide*, seulement, voilà le diable,
Gaillard ne voulait pas... « Je sais maintenant,
conclut M. Pougin, pourquoi nous n'avons pas
eu *Armide* à l'Opéra. » Notre confrère ne sait
pas tout ! A son lit de mort, l'excellent homme
manda le bon vivant et lui dit : « Puisque, décidément, l'Opéra ne monte pas *Armide*, il faut
me promettre de mettre à la scène un autre
chef-d'œuvre... — C'est prrromis ! » barytonna
l'autre. Voilà pourquoi l'Académie nationale de
musique s'occupe avec ardeur du drame hydro-
lyrique de Joncières : *Lance l'eau du lac !*

Un mot encore : maintenant que le directeur
de cette fabrique à fausse notes n'est plus occupé
à barrer la route au chevalier Gluck (pourtant,
senor, les recettes d'*Orphée*, à l'Opéra-Comique
c'est coquet...), à présent, dis-je, que l'omni-
potent Gailhard a du temps à lui, ne pourrait-il
s'intéresser un peu aux pièces que l'on massacre
chez lui ? Que certaines représentations des
Maîtres Chanteurs traînaillent à la six-quatre-
deux, je n'en suis pas surprise, Alfred Ernst
n'étant plus là pour imposer son vouloir avec
cette ténacité souriante que j'aimais tant ; mais
Reyer, que diable, Reyer vit, Reyer sait ce qu'il
veut, Reyer passe pour un citoyen pas com-

mode : comment tolère-t-il la honteuse mise en scène de son *Sigurd*? Suspecte de pessimisme, peut-être, je m'en réfère à l'opinion de M. Raynaldo Hahn, jeune homme doux, jeune homme courtois, jeune homme pondéré, qui déplore « les planches arrosées de clefs de *sol* et non couvertes de « terrains », les costumes de bains ridicules dont apparaissent affublés les sujets du roi Gunther, les maillots flottants, les mentons mal rasés des hommes, les tailles boudinées et les mains rouges des femmes, la liberté dégingandée ou l'immobilité ahurie des figurants... Hélas ! avant qu'un vigoureux coup de balai ait nettoyé tout cela, le roi (c'est le vénéré Loubet que je veux dire), le roi, Hahn et moi, nous mourrons !

Au lieu d'insister sur ces doléances (qui, pour l'intangible Gailhard, sont aussi peu importantes que pour moi, la musiquette de fonctionnaire perpétrée par M. Cieutat, les musicographies grincheuses ds M. Servières ou les manifestations épistolaires du burlesque sénateur Delpech), au lieu de clamer, voyons ce qui se passe hors Paris.

En attendant le *Till Uylenspiegel* de Blockx (hélas ! Solvay, hélas ! Henri Cain, plaignez ma petitesse qui m'attache aux rivages de la Seine), la Belgique essaie des auteurs français ; au G (r) and-Théâtre, on fête deux actes habilement tirés par Georges Loiseau des *Fugitifs*

(poignante nouvelle de notre collaborateur Fran-
de Nion), ornés par le compositeur André Fijan
d'une musique adroite qu'il écrivit, insoucieux
des critiques, et s'en fijant pas mal. — A Bordeaux, Gabriel Marie frappe un grand coup :
tout *Wallenstein* ! Parmi les fleurs unanimement tressées en son honneur, nulle critique ne
sifflera, il ne pourra pas dire : *surgit à Marie
aliquid*...

Au Havre, mademoiselle Passama fait applaudir quatre mélodies de Gay, bellement expressives, et l'orchestre des Concerts populaires
exécute la *Fantaisie en ré* de Guy Ropartz, un
crâne morceau, mes enfants, où certain thème
populaire à cinq temps a toujours titillé mon
vieux cœur, viscère resté déplorablement jeune.
— A Nantes (célèbre par l'ineptie de ses ballets)
on goûte peu le *Cid*, à propos duquel un critique
écrivait : « L'entreprise de M. Massenet **sur**
le rude et puissant poème de Corneille, rappelle
la lutte de don Juan contre la statue du com-
mandeur ». Où écrivait-il, ce critique, ce vilain
critique ? Dans le *Ménestrel*, tout bonnement !
— A Barcelone, madame Adiny et le vaillant
Engel triomphent avec *Lohengrin :* la pauvre
madame Armand Bourgeois s'essaie dans *Me-
fistofele* et constate, marrie, que les Espagnols
ne veulent pas se laisser monter ce boïto-là.

Vu, entrant au Conservatoire, princesse
Brancovan, marquise de Villeneuve-Bargemon,

marquise de Pracontal, mesdames de la Gravière, Thureau-Dangin, de Tournai, de Charnacé, etc.

J'arrive au Château-d'Eau à 15 heures 30 minutes (puisque à partir de 1900, toutes les heures sont exprimées en temps civil comptées de 0 h., à 24 h., assure l'*Annuaire du Bureau des Longitudes*), juste à temps pour entendre le poulailler demander *bis* après la *Danse macabre* et Amic vociférer : « Non ! » c'est Amic dont Chevillard adopte l'opinion ; Sechiari n'en est pas fâché. Très applaudi par Jean d'Udine, par le pianiste André Gresse, par d'émérites connaisseurs du clavier comme Baldensperger envoyé par Nancy, le raffiné Marcel Boulestin et madame Ernest Rosset, voici le correct Henri Falke qui, supérieurement, interprète un Concerto de Gedalge (déjà entendu à Angers, sauf erreur), d'allure très symphonique où le virtuose presque toujours intégré dans l'orchestre fait rarement *falke over*; l'œuvre m'a paru solidement établie, écrite avec une sûreté parfaite, bien sonnante... dame! passionnante, c'est une autre paire de pédales ! J'en reparlerai certainement ; on a surtout goûté l'*Andante* « myxolydien », disait Raymond Bouyer ; je ne sais jamais au juste ce que ça veut dire... moi. Ça m'a paru en *la bémol*. Pour finir, quelques « chut ! »

L'ouverture de *Gwendoline* plaît, bouillonnant chahut simili-wagnérien de ce pauvre

Chabrier qui, parti à l'assaut du Walhalla, s'arrêtait toujours au Moulin-Rouge.

Au Châtelet, M. Colonne accepta de bisser tous les morceaux de la *Damnation* (Pregi épatante). En bonne justice, chaque auditeur devrait payer deux fois sa place !

8 janvier 1900.

Marrie de ne pouvoir cingler vers Dijon, où l'actif directeur du Théâtre (un Conte courant) a organisé un Festival Gaston Paulin, je trompe ma soif de voyages en m'acheminant vers le lointain Château-d'Eau, déplacement malaisé à travers ce Paris que sillonnent tant de tranchées, des tranchées bien douloureuses... Et j'y trouve beaucoup de monde : M. Théodore Dubois, peu soucieux d'entendre l'*Ouverture pour Faust*, jouée pour la première fois par ces gavés de classique, « la Satiété des Concerts », soixante ans après que Wagner la composa pour eux ; Blowitz est là, mastodontesque, et le svelte Lafreté ; je vois l'Arcachonnais Blasini et l'éditeur de musique Auguste Durand, tous deux habitués à contempler d'innombrables huîtres ; George Vanor, l'orateur aux conférences unisexuelles, murmure dans l'oreille émue de Kopf Benfeld des gaudrioles aussi croustillantes que les polissonneries d'Auber jalousement détenues par le smart Weckerlin ; Gabriel Lefeuve aux yeux bleus et René Benoist aux sombres regards lorgnent les dames infatigablement ; Poujaud aussi, Hugues Imbert itou, René de Castera mêmement ; mais Schuré s'abstient... Voyons, qui ai-je vu encore ?...

Mesdames de Serres, Pierre de Bouchaud, Porgès, comtesse Xavier de La Rochefoucauld ; enfin, accourus pour applaudir Rimsky-Korsakow, les slavophiles Octave Bernard (dit Caviar) et Pottecher, en toque d'astrakan qui sort après *Antar* ainsi que sa charmante femme emmitouflée de fourrures ; il faut des époux à sorties.

Succès pour *Antar* (joué à la même heure aux Concerts populaires de Lille), mélange exquis de brutalités et de langueurs. « Fais-moi mal, dis... » avec des câlineries orchestrales à réveiller un saint en pierre, et une chatoyante instrumentation qui ne doit rien à Wagner (enfin !). Libre à mes compatriotes centre-gauche qui s'obstinent à brouter sur les coteaux modérés de préférer aux empoignantes originalités de Rimsky les sagesses de M. Jemain, applaudies à la Nationale ; je m'en tiens au proverbe : « Mieux vaut *Antar* que Jemain. »

Après *Antar*, exécuté divinement, tout l'orchestre debout (la levée en masse) salua ; après la *Danse macabre*, Sechiari, son violon sur le cœur, salua tout seul ; après le concerto en *la*

mineur de Schumann, mademoiselle Kleeberg
multiplia les révérences. Elle fut vigoureusement
applaudie, et le mérita, par sa simplicité robuste
et sa netteté limpide, « ni le cristal clavecinesque
de Diémer, ni les préciosités modernistes de
Paderewski », opinait Raymond Bouyer. (Je ne
sais pas si l'enfançon Lazare Lévy pense comme
moi, je le lui demanderai). Ensuite elle joua *Au
soir* ; ensuite elle s'en alla.

Pendant que je file chez Colonne, Jacques
Blanche me documente sur les concerts de la
semaine ; c'est inouï ce que les peintres s'occupent de musique ! (Parallèlement, je connais des
musiciens qui m'en ont fait voir de toutes les
couleurs.) Jeudi, au Nouveau-Théâtre, mademoiselle Bathori fut goûtée dans trois mélodies
(dont l'*Apaisement*, si connu des vrais musiciens d'Ernest Chausson, et Gedalge — de qui
Falcke aimera le *Concerto* jusqu'à son catafalcke
— put ouïr sa Sonate, dont l'Andante plaît à
certains qui jugèrent le Finale un peu flambard,
miraculeusement enlevée par Jacques Thibaud,
qu'on ne surnomme plus « Eros vanné », non,
c'est que je tousse !

Samedi, à la Nationale, ce n'est pas le languide Thibaud précité, adjuvé de ses trois fidèles,
qui exécuta le quatuor de Saint-Saëns (révélé
par lui au public pour la première fois, n'en dé-
plaise aux affiches de Nadaud) ; c'est l'excellent
Parent qui obtint grand succès ; de l'œuvre,

j'aime beaucoup le début, élégant et fluide, le fin scherzo en *mi mineur*, une partie de l'andante... et j'aime Thibaud tout entier ! — Ambitieux trio de Vreuls, qui semble de l'orchestre réduit et abonde en thèmes (ou se croyant tels) superposés, en complications rythmiques, d'ailleurs intéressant. — Fort agréable, la *Sérénade espagnole* de mademoiselle Ducourau : son *Orage* gronde à souhait, très travaillé, sans nulle négligence à la va-te-faire-foudre. — Mais le triomphe, notre Pierre de Bréville l'obtint, quand il annonça que, pour remplacer les mélodies de Tiersot qui, chaque année, craquent à la dernière heure le talentueux Ricardo Vines allait jouer « je ne sais quoi de Moskowskoi, non je ne sais qui de Moskowski ! » Le public sanglotait de joie.

Tout arrive, même le fiacre qui véhicule une ouvreuse du Château-d'Eau au Châtelet. La belle Roger-Miclos, en blanche robe moyen-âgeuse, perle à ravir la Romance de ce concerto de Mozart (*ré mineur*, pour lequel des cadences furent élaborées par Messieurs Pfeiffer, Beethoven, Moschelès, Reinecke, etc. — *Andromède* est un poème symphonique très clair, solidement composé, où la nationaliste Augusta Holmès, après les cuivres brutaux clamant le fatal oracle, peint dans un tumultueux ensemble « les flots noirs se dressant dans l'ombre, furieux », et vomissant le Dragon qui rampe sur un thème *alla Fafner* :

mais voici, chevauchant Grane, je me trompe,
Pégase, voici Persée qui pousse au monstre, —
trompettes, cymbales, — le jugule et emporte
Andromède « aux champs lointains du ciel »,
parmi les ruissellements des harpes. On applaudit, ou proteste ; là-haut des fumistes orga-
nisent, aux cris de « Vive l'armée ! » un vacarme,
point dirigé contre l'auteur, chahut de pure eu-
trapélie, et qui n'empêchera pas la musique
d'*Andromède* de... percer.

Dans *Psyché*, on entend mademoiselle Odette
Le Roy, heureusement, mais on ne la voit pas,
malheureusement ; ce sera pour une autre fois.
— Aperçu mesdemoiselles Gerville-Réache,
Thomsen, la vicomtesse Van der Brule, et Pierre
Lalo, un des meilleurs critiques de notre *Temps*.

Jeudi prochain, à Saint-Eustache, grande audition de ce *Messie* sur lequel Hændel mit une
empreinte (comme nous disions jadis) haendé-
lébile.

15 janvier 1900.

On sait que MM. Christian de Bertier et Eugène d'Harcourt ont obtenu de M. le chanoine
Gaultier de Claubry, curé de Saint-Eustache,
l'autorisation de faire entendre dans cette église
les principales productions de la musique sacrée

qu'ils exécuteront avec toute la solennité possible et, insistons sur ce point, en leur conservant leur caractère religieux ; les oratorios, en
effet, ont été composés pour être donnés dans
les églises et non dans les salles de concert. La
répétition générale du *Messie* aura lieu demain,
et c'est jeudi soir, irrévocablement, que nous
pourrons entendre ce grandiose chef-d'œuvre,
pendant quelques heures trop courtes après les-
quelles, selon le dire de l' « Hændelien »
Wyzewa, chacun s'en ira les oreilles tout inon-
dées de musique, sans l'ombre d'ennui ni de las-
situde, mais plutôt avec le regret d'avoir vu s'é-
vanouir trop vite ce magnifique univers d'émotion et de poésie.

Je n'insisterai pas sur les difficultés sans
nombre qu'ont dû surmonter les organisateurs ;
tout près de toucher au but, ils ont failli échouer,
combattus à la fois par quelques radicaux, étroi-
tement haineux, et par certaines jalousies de
fabriques (j'allais dire de boutiques) ; on saura
plus tard quelles sacristies envieuses étayaient à
l'envi l'argumentation branlante d'interpellateurs
à qui sans doute, elles négligeaient d'apprendre
que les « bénéfices, quels qu'ils soient, seront
versés entre les mains de M. le curé de Saint-
Eustache pour ses œuvres pieuses ». Dieu
merci ! ces bonnes âmes se sont employées en
vain et n'ont pu obtenir qu'on mît des mande-
ments dans les roues, et S. E. le cardinal arche-

vêque de Paris a autorisé — *ad duritiam cordis*
— l'audition de jeudi prochain.

Tous les amis de la musique sacrée s'en féli-
citeront, car il est impossible de souhaiter au
Messie un meilleur cadre : les admirables pro-
portions de Saint-Eustache, son grand orgue qui,
pour la plus vive joie du savant Dallier, vient
d'être restauré complètement, enfin son acoustique excellente se prêteront merveilleusement à
cette imposante manifestation d'art chrétien. Je
viens de visiter les travaux ; les charpentiers ont
fait des merveilles : sur une gigantesque estrade
en gradins, placée sous la tribune du grand
orgue (un des meilleurs connus, pour le dire en
passant), prendront place les instrumentistes
conduits par M. Steenman ; les chœurs confiés à
Charles Bordes ; les solistes : Éléonore Blanc,
Jenny Passama, Lafarge, Nivette, en tout
400 musiciens obéissant à la direction générale
de M. d'Harcourt qui, non content d'assumer
une pareille tâche, s'est révélé, en outre, librettiste émérite, puisque, dans sa version nouvelle
du *Messie*, pas une valeur n'a été changée, pas
une note ajoutée ni retranchée ; les sonorités
syllabiques de la partition sont respectées fidèle-
ment.

Parmi les membres fondateurs qui ont répondu
à l'appel du comte de Bertier et du comte d'Harcourt, je mentionnerai seulement le comte d'Andigné, la princesse de Beauvau, la duchesse de

Bisaccia, la duchesse de la Motte-Houdancourt,
le vicomte de Lestrange, la marquise de Luber-
sac, le comte Pillet-Will, madame Sommier, le
marquis de Vogüé ; sans parler des cercles :
l'Agricole, le Jockey, l'Union artistique, je pourrais citer cinquante autres noms, de ceux qui
donnent le ton. C'est dire que, jeudi soir, l'immense vaisseau de Saint-Eustache contiendra
malaisément les auditeurs du *Messie* puisqu'aux
personnes (déjà nombreuses, je l'espère) qu'attirera le génie de Haendel se joindront celles
(plus nombreuses, j'en suis sûr) qui aiment la
musique, même belle, pourvu qu'elle soit prônée
par des gens chic.

16 janvier 1900.

THÉATRE DE LA MONNAIE, de Bruxelles. — *Thyl Uylenspiegel,* drame lyrique, en trois actes et quatre tableaux,
de MM. Henri Cain et Lucien Solvay; musique de
M. Jan Blockx.

Le drame lyrique de MM. Cain, Solvay et Jan
Blockx est inspiré de l'œuvre célèbre où Charles
De Coster a définitivement fixé la légende de
Thyl Uylenspiegel, mais, en devenant héros
d'opéra, le drille facond et mystificateur que
M. Fiérens-Gevaert nous montre « toujours prêt

à jouer quelque bon tour aux princes et aux
moines, l'ancêtre de tous les gaillards délurés
qui promènent dans les villages de Breughel,
les auberges de Téniers, de Brauwer, de Jan
Steen, leurs mines finaudes et leurs silhouettes
tassées », a perdu de sa belle humeur et pris une
allure un peu plus conventionnelle. L'action se
passe dans les Pays-Bas, sous la domination
espagnole : condamné comme hérétique par un
tribunal d'inquisiteurs que préside le cruel Var-
gos, lieutenant du duc d'Albe, un charbonnier
de Damme, Claes, est brûlé vif sur la grand'-
place ; le fils de la victime, Thyl Uylenspiegel,
joyeux luron, qui, depuis trois ans, a quitté sa
ville natale pour parcourir les Flandres, revient,
douloureuse coïncidence, trois minutes après la
crémation : fou de douleur, il jure de venger son
père. Dès lors, vaillamment secondé par sa
fiancée, Nelle, il n'a point de cesse qu'il n'ait fait
éprouver aux Espagnols un dommage sensible :
comme il le dit expressément (page 137 de la
partition), « les cendres de son père battent sur
sa poitrine » ; par ses discours nationalistes, il
réveille dans les cœurs l'amour de la patrie :
partout la révolte gronde, les « gueux », soulevés, violent gaillardement les édits du duc
d'Albe ; celui-ci, mécontent, vient mettre le
siège devant Maëstricht, résolu à infliger aux
rebelles un châtiment exemplaire ; mais il a
compté sans l'esprit inventif de Thyl. Le fils de

Claes réussit à pénétrer dans la place investie, avec l'autorisation des Espagnols, sous le fallacieux prétexte de célébrer un mariage et, dans le chariot qui transporte la pseudo-noce villageoise, on a caché des armes avec des munitions. Les assiégés qui faiblissaient reprennent alors courage ; bientôt ils livrent aux Espagnols un combat victorieux au cours duquel Nelle est blessée,... blessure sans gravité, car les baisers de Thyl raniment la jeune fille, — on parle de pansements antiseptiques, mais que valent-ils auprès des lèvres d'un amant épris ? — et les deux fiancés, éperdus de joie, mêlent leurs voix à celle du peuple qui chante sa délivrance :

> Dans la sublime clarté
> Saluons ta gloire infinie,
> Ame de la patrie,
> O Sainte liberté !

Inspiré par ce livret, M. Jan Blockx a écrit une partition qui n'est point indigne de *Princesse d'auberge* ; ses gueux vocifèrent comme ils se battent, bravement. L'orchestre tapage, tout gonflé de haine contre l'Espagnol, et les tambours roulent avec une sauvagerie qui a mis en liesse les descendants de Thyl, Soetkin et de Lamme. Contrastant avec de telles brutalités, le duo d'amour du héros roucoulant avec sa belle se déroule non sans habileté, — échange de fleurs et de tendresses, sourires et marjolaines, pervenches, sauge et câlineries diverses ; — les aveux ont du charme, sinon de l'originalité, et l'allegro : « Prends ces fleurs qui viennent d'éclore », prépare le truc panthéiste de la forêt qui étend sur les amants ses ramures charmées et mêle à leur chant le chœur de ses elfes aux mille voix bruissantes.

Mais, un moment chassée, la trivialité revient au galop, la kermesse bouillonne et les couples s'enlacent aux sons du « Moine allant sur le chemin », — célèbre *Rondedans* du quatorzième siècle. — On danse, on boit, *Vivat l'amour ! Bacchus vivat ! eh ! youp sa sa !* Auprès de ces goinfres flamands, les buveurs de la **taverne** d'Auerbach sembleraient des diplomates prenant un thé cérémonieux chez le nonce.

Mais quoi ! devant le succès formidable, je n'ai qu'à constater. Quand l'hymne triomphal éclate qui termine *Thyl Uylenspiegel* saluant, au son du tambour de guerre, — *van dirre doum deyne, van dirre doum doum,* — la Liberté reconquise et l'écrasement de l'envahisseur espagnol, le public a poussé de tels cris d'enthousiasme qu'on n'aurait pas entendu rugir le Lion de Flandre.

M. Imbart de la Tour a des trouvailles ; mademoiselle Ganne, de l'intelligence ; M. Gilibert, du ventre.

21 janvier 1900.

Les matinées musicales de la Renaissance annoncées sans fracas (à Milliaud couverts) font de ce théâtre un séjour édénique, la vallée de « Tempé » — c'est ainsi que Blowitz prononce le nom de Danbé) ; l'autre jour, George Vanor nous exalta l'*Armide* que devait interpréter mademoiselle Passama, après quoi ce fut, au lieu de la gluckiste attendue, le jovial Soulacroix qui vint barytonner du Monsigny ; mademoiselle Noelly Milliaud dit des chansons anciennes avec une voix jeune. Dans la salle, René de Castera aux yeux vifs, plusieurs jolies femmes, et le financier Alonzo Clack, *rastaquœrens quam devorel*, fêtent Destombes, violoncelliste surtout intéressant pour les dames.

Public bath au jeudi Colonne : marquis de Panis, comtesse de Rougé, duc de Broglie, MM. Jean de la Bretonnière, André Foulon de Vaulx, etc. Après que mademoiselle Bathori eut épousseté d'antiques papillotes de César Franck, l'assistance applaudit cette chanteuse française avec une ardeur bathoriotique ; pendant un quatuor de Brahms (*sol mineur*), insensible aux élégances du *Rondo alla zingarise* qui faisait frétiller d'aise le haut Claude Terrasse, je vis le baron de Montesquieu dormir... rêver peut-être.

Je m'excuse de n'avoir point parlé encore des « matinées artistiques » de l'Athénée, où l'ami Salmon voiloncella avec infiniment de goût la

sonate de Chevillard ; mais ma faute n'est-elle
pas Athénuée par ce fait que le tuba promu directeur de la chose (encore un Barreau d'casé)
ne m'a pas invitée ? Je constate son omission
sans rancuneux désir de le « passer à tuba »,
comme s'expriment les péripatéticiennes aux
yeux de qui la vertu sans... agent n'est qu'un
meuble inutile.

Le succès de MM. Hændel et d'Harcourt a été
colossal ; ils ont fait à Saint-Eustache plus que
le *Messie*mum ! Cependant que les robustes
allégresses de l'*Alleluia* s'élançaient aux voûtes,
en gerbes glorificatrices, Raymond Bouyer,
dans un coin sombre, les yeux clos, se croyait
Walther dans l'église Sainte-Catherine, et plus
d'une souhaitait devenir ton Éva, ô Raymond de
Franconie ! A ce propos, félicitons les confrères
qui ont reproché à mademoiselle Passama
d'avoir beuglé l'air du contralto. Elle était au
lit. Vive la critique française !

Je vous ai relaté, hier, le triomphe bruxellois
de *Thyl*, héros flamand dont l'Allemand Richard
Strauss demeure le plus vibrant propagateur ;
ce qu'on ne vous a pas dit, c'est l'agitation for-
cenée des compétiteurs qui s'évertuent comique-
ment — tempête dans un verre de faro — et se
démènent, enfiévrés, pour installer leurs ischions
dans les fauteuils directoriaux quittés par Stou-
mon et Calabresi ; les génies qui président aux
destinées des théâtres de Gand, de Vichy, de

Versailles, de Guignol, insinuent à Kufferath :
« Puisque vous êtes sûr d'être nommé et qu'Heugel a reçu de vous l'accolade du pardon, prenezmoi comme associé, moi si bonne pâte, plutôt que ce grincheux de Guidé, car, à la tête de la Monnaie, c'est assez d'un mauvais caractère sur deux directeurs. »

Revenons chez nous (non sans avoir enregistré l'immense succès, à Bordeaux, de *Wallenstein*; fort belle exécution, triple rappel, Samaseuilh pleurant d'extase). Donc, à Paris, on fête Beethoven : au Conservatoire, Thibault conduit la *Cardiaque*, remplaçant Taffanel indisposé, comme s'il n'avait fait que cela de sa vie ; au Château-d'Eau, mademoiselle Delna chante Adelnaïde, et les musiciens du Châtelet s'ébattent dans la Pastorale.

Beaucoup de monde pour applaudir Chevillard ; le jacobin Leygues, Franz Servais à la barbe fluviale, l'aimable Bovet, le rogue Servières, le talentueux Dukas, le peintre della Sudda qui termine un portrait de *Claudine* dont on parlera, le baron de Lastours, la comtesse de Chaumont-Quitry, madame de Saint-Marceaux, Jacques Baugnies, le comte de Chevilly, le vicomte de Marquessac acclament *Antar* et son exécution prestigieuse. O les délices du Pouvoir, et l'adorable canon des violons et violoncelles ! O les cors, les cors qui soupirent, éclaboussés par la batterie d'un sautillement de notes étincelantes, telles les lueurs réfléchies au cuivre des coupoles slaves, ces miroirs de l'Orient tout proche ! Tant pis si je n'ai plus la place d'annoncer les trente-deux concerts, les quarante-trois matinées, les soixante-neuf festivals dont j'ai promis de publier les programmes, (et cependant j'aurais été heureuse d'insister sur le succès du quatuor de Vincent d'Indy au concert Marteau)! mais je veux encore dire quelle joie passionnelle m'inonde à l'audition d'*Antar*, monde d'images sonores, forêt de féeries orchestrales bruissantes, conte musulman grandiose et savoureux pour les gourmands de la musique et les gourmets de l'instrumentation. Les lithographies en couleur de Dinet pâlissent à côté de ces éclairs fauves qui sillonnent les brutalités de la Vengeance, de ces sequins opulents que rehaussent les voluptés du Pouvoir, délices tout orientales qui s'évanouissent bientôt, pâmées, dans le nocturne souvenir de l'Amour... Folâtre, un nigaud siffle, André Messager le foudroie du regard, ses voisins l'appellent « Tourte » et il prend aussitôt un air à porter le diable *Antar*.

Sur la mer lointaine vogue, dans un sillage doucement wagnérien, la Barque-Fantôme de Léon Moreau, pilote roublard qui compte bien, l'année prochaine, mouiller au Port-Médicis ; le cor anglais de Gundstoëtt chante à ravir un thème breton, de résignation pensive, le soir descend, et Hardy-Thé s'épanouit. — On ac-

clame mademoiselle Delna dans l'air beethovenien *Adélaïde* (orchestré par Lapissida, je
pense), air d'un sentiment louable, mais d'un
pompiérisme formel... Ah ! mes sœurs !... Et ça
n'en finit pas ; c'est le tonneau d'Adélaïde !

Chez M. Colonne (que l'on doit complimenter
d'avoir emprunté au répertoire de la Nationale la
Catalona colorée, pittoresque et verveuse d'Albeniz), Maurice Bagès m'informe que M. Jean
Huré exécuta l'autre jour du Chopin en perfection ; Parent me dit bonjour ; Madeleine Godard
ne me dit rien. Le violoniste Hugo Hermann
joue en maître, en grand maître, un concerto de
Joachim abrutissant de difficulté, avec des
doubles cordes comme s'il en pleuvait, musique,
d'ailleurs, aussi rasante qu'un cours du fâcheux
Seignobos ; il fait ensuite applaudir, grâce à son
talent irrésistible, un *adagio* de Spohr après lequel plusieurs cas de choléra spohradique se
déclarent dans la salle. Faut-il être calé pour
imposer aux auditeurs cette musique spohrifique
(oui, je l'ai dit, et je le répète), pour crier aux
récalcitrants un virgilien *Quos Hugo !*

Dans la salle qu'enchante une *Bourrée* de
Bach surérogatoire, aperçu marquise de Nadaillac, comtesse de Villeneuve-Bargemon, comtesse de Roquefeuil, marquise de Grammont,
marquise d'Assailly, vicomtesse de Chézelles,
Mesdames de Bouchaud, Porgès, de Serres, le
profond poète Cazalis, mélancolique en dépit de

son grand renom : Lahor ni sa grandeur ne le
rendent heureux !

20 janvier 1900.

Un petit tour en province, voulez-vous ? A
Nancy, Guy Ropartz — la tête ceinte de lauriers
cueillis à Liège où il a dirigé le grand concert
Dupuis — affichait hier la superbe Suite d'indyste
sur *Médée* qu'on a dû, je l'espère, applaudir
sans médéeration, puis une *Japonnerie* de l'ami
Ratez, Franc-Comtois qui fleurit à Lille... A propos de Nancy, vous savez que cette ville hospi-
talière aux beaux arts a institué un prix pour les
musicos ; eh bien, ce prix, personne ne l'a dé-
croché cette année ; le jury n'a décerné qu'une
mention, agrémentée de dix louis, à M. Gabriel
Dupont ; M. Ed. L'Enfant a obtenu une mention
sans pépettes, et les autres concurrents ont reçu
une peau provenant de la ville de Bâle.

De Lyon, on m'envoie un programme ahuris-
sant ; au bénéfice de la Croix-Rouge française
(ne pas confondre avec la Croix-Rousse), les
Chanteurs de Saint-Gervais se sont fait entendre, assure ce saugrenu papyrus, dans la *Messe
du Pape*, par Marcel (!) de Palestrina, dans de
vieilles chansons de Horland de Lussus (*sic*),
enfin dans un Noël du seizième siècle « harmo-

nium » (pour harmonisé) par Gevaërt. En fait de coquilles, les typos du Rhône s'adjugent la part du Lyon !

Quant aux Concerts de Paris, je suis débordée ; à peine si je puis annoncer pour ce soir lundi celui de Deszo Lederer qui violoncra entre autre merveilles un concerto de Max Bruch, coreligionaire de Moïse (sauvé Deszo). Mercredi, c'est l'excellent Salmon qui opère, avec le concours des Ten-Have à qui j'envoie mes souvenirs les plus Havectueux.

Jeudi dernier, au Nouveau-Théâtre, M. Colonne a dirigé *Quatre pièces mystiques* de Boëllmann, limpides, pas laides, mais mystiques ? Allons donc ! La petite de Lisery demandait à enlever son corset ! — Mademoiselle Odette Le Roy a fait applaudir *Soir d'Eté* de Widor, six lieder du meilleur monde, musique « distingvée », affirment les dames, en fait, des élégances de calicot pommadé ; talent habile, d'ailleurs, incontestable, beaucoup d'acquis (de la part de ce Massenet organiste, pas du public). Le Widor est toujours debout ! — Enfin, sous prétexte de Brahms, le quator Parent a entamé une lutte inégale avec le piano de Mademoiselle Boutet de Monvel, qui couvre les accents de ces seize cordes comme le fracas de l'océan submerge les voix de quatre bambins jouant sur la plage. Blague à part, ces somptueux pleyels sonnent si merveilleusement qu'il vaudrait mieux, je crois, quand on exécute de la musique d'ensemble, ne pas les découvrir.

Samedi soir, à la Nationale, ce même **quatuor** faisait entendre, pour la première fois, l'admirable quatuor (inachevé) du pauvre Ernest Chausson, dont l'Andante en *la bémol,* au sourire mélancolique, a surtout plu, œuvre qu'il faut entendre encore, et que je me réjouis d'ouïr, le 9 février, à la séance Parent ; samedi, l'un comptait trop ses syncopes, l'autre pas assez, et l'interprétation me faisait songer à Déroulède : honnête mais manquant de liberté. Mademoiselle Blanche Selva, forte pianiste, âgée de 16 ans, seulement, a mirifiquement enlevé la *Fantaisie chromatique* de Bach. Succès pour diverses mélodies de Chausson (les poignantes *Heures* furent bissées), de Jossic et de Ravel ; celles-ci, applaudies grâce à M. Hardy-Thé, mais agréables sans plus, ne Ravèlent pas un tempérament bien personnel. Attendons.

Après avoir fait mes dévotions à l'église de la Sorbonne (messe de Pessard, ô mon Dieu), j'ai libellé mon testament et, n'écoutant que mon courage, je me suis dirigée vers le Château-d'Eau où, malgré les fondrières, la distance, le temps et les automobiles, j'ai pu arriver intacte pour applaudir Chevillard, réellement prestigieux dans l'interprétation de la bouillonnante Symphonie en *la,* qui fanatise un public d'élite : princesse Murat, marquise d'Argenson, comtesses de Franqueville, d'Andigné, de Bertier, de Savigny, Chandon de Briailles, de Maigret, d'autres comtesses encore, puis Mesdames de Bouchaud, de Serres, Terrys, baronne Vuillet, Sainte-Claire Deville, etc. — Vifs applaudissements pour l'exquise Jeanne Raunay qui, en crêpe de Chine blanc, sanglote divinement l'intense *Lamento* en *ut dièze mineur* intitulé — amère ironie — « Chanson perpétuelle »; mort le poète Charles Cros, mort le musicien Ernest Chausson, mais cette œuvre de passion déchirante vivra.

A demi suffoquée par le voisinage d'une bouche de calorifère qui a l'haleine très chaude, je grimpe dans une avant-scène pour entendre Mademoiselle Marthe Girod qui, après les bravos anglais, récolte ceux de Paris ; deux rappels et demi l'ont remerciée d'avoir mis tant de conviction à interpréter le concerto, en *mi bémol*, de Liszt douloureusement vieillard, antique panache rongé des mites ; — pendant une gamme chromatique du triangle, Samazeuilh, juché tout là haut, glousse un éternuement, en *mi bémol* lui aussi ; profonde sensation.

Chez M. Colonne, M. Diémer, compositeur, est applaudi (concerto de violon absolument bien joué par Boucherit), et M. Diémer, pianiste, est acclamé (concerto de Beethoven, que Mademoiselle Toutain rejouera jeudi pour les personnes qui n'ont pas pu venir dimanche).

Pendant neuf années, César Franck dut se contenter d'une stèle élevée à son génie par le Sâr Péladan, dans l'*Androgyne*, parmi des mandements adressés à certains évêques, des leçons de théologie, genre Bulot, données au pape, et autres fariboles mysticocasses : *A Cæsare Franck, au plus grand maître de la musique française depuis Berlioz, au génie catholique et pur, mort sans gloire après une vie aussi auguste que son œuvre, j'élève cette stèle, à son génie et à la honte de Rome, de Paris et la République, unis en une même haine de l'art idéaliste.*

Paris ayant fait amende honorable par la voix de ses conseils, général et municipal, et la République par l'entremise de son Directeur des beaux-arts, l'auteur des *Béatitudes* va bientôt recevoir mieux que les Péladâneries, bien intentionnées ou non, un monument tangible — *Lenoir sculpet* — dans le square Sainte-Clotilde, tout près de l'église où, trente ans, le maître a joué de l'orgue. Son renom brille, aujourd'hui, d'un tel éclat que ceux même qui, jadis, s'acharnaient à l'étouffer, se voient forcés de contribuer à sa glorification ; dans les comités formés pour réunir l'argent nécessaire, — vous devinez que je viens tendre la main, — combien de noms qui ne figuraient pas parmi les frankistes à l'heure de la lutte.... Bah ! sans doute ils étaient sincères alors, sans doute ils le sont aujourd'hui... Les musiciens de l'Institut, qui ne jugèrent pas Franck *dignus intrare*, y vont chacun de son louis, sauf l'aigre Saint-Saëns qui boude ; les éditeurs se distinguent, Bornemann, Choudens, Durand, Enoch, Hamelle, Heugel, Joubert, Lemoine, tous marchent ; quatre néofranckiste allongent une thune repentante, total : un louis, ce qui s'appelle « donner comme un seul homme » ; bref, on a rassemblé 10,000 francs, somme qui sera bientôt triplée si tous ceux apportent leur obole qui, en parlant du *Panis Angelicus* et de la *Procession*, lèvent au ciel des yeux dont on ne voit plus que le blanc. Et vous souscrirez aussi, amies et amis de l'Ouvreuse, franckistes véritables de la première heure, le Comité recevra tout avec reconnaissance, des duchesses les gros billets, des cuisinières le sou du Franck.

29 janvier 1900.

THÉATRE DE L'OPÉRA-COMIQUE. — *Louise*, roman musical en quatre actes et cinq tableaux, de M. Gustave Charpentier.

J'ignore si l'art musical est aisé, mais j'affirme que la critique musicale est difficile, soit qu'elle rencontre certaines productions amorphes —

celles des Maréchal, des Joncières, etc. — dont il n'y a rien à dire, soit au contraire qu'elle aborde des œuvres complexes, admirable matière à sujets de revues, œuvres qui « fournissent » trop, et sur lesquelles ont peut écrire, certes, mais non se borner. Telle *Louise*, à propos de laquelle il serait tentant de disserter prolixement, pour expliquer ce qu'elle est, ce qu'elle a voulu être, ce qu'elle n'est pas ; son symbolisme, son naturisme, son socialisme, tous ses *ismes* divers auxquels M. Charpentier prête le concours d'une musique qui n'est jamais indifférente, j'aimerais les discuter si minuit et demi ne sonnait au beffroi de l'*Echo de Paris*.

Les oreilles bourdonnantes encore des acclamations enfiévrées qui viennent d'accueillir le nom du compositeur jeté au public par l'admirable Fugère, tâchons au moins de préciser en quoi consiste la nouveauté, je ne dis pas l'inédit, de la tentative à laquelle M. Albert Carré a donné, chercheur éclectique et qui a raison de l'être, une artistique et somptueuse hospitalité : ce qui a dû ahurir les mânes de Favart, c'est la résolution, prise par Charpentier, de musicaliser un roman, non un roman légendaire, fleuri de merveilleux, non pas même le « roman romanesque » cher à Marcel Prévost, mais un roman moderne, ou du moins naturaliste, que vivent encore, prolétaires et bohèmes, les provinciaux de la région dénommée Montmartre.

Louise, c'est une revendication de la Musique, qui, progressiste insatiable, devient de plus en plus exigeante à mesure qu'elle se perfectionne comme moyen d'expression, et abuse de ce que nous ne pouvons plus nous passer d'elle pour nous envahir sans vergogne. En vérité, je vous le dis, les temps sont proches où nous devrons, infortunés journalistes, noter nos chroniques sur cinq lignes. (Je sais des critiques musicaux qui se trouveront bien gênés.) Et déjà Louise lit à son brave charpentier de père un entrefilet du *Petit Journal*, en *ré bémol*. Nos enfants, disait cet affreux Voltaire, nos enfants verront de belles choses !

En attendant, sans impatience, l'éclosion de cet avenir où nous ne lirons plus que des feuilles de chant, risquons une ou deux remarques à *priori*. Et d'abord, tout sujet se prête-t-il à la musique ? Laissons les wagnériens protester, et répondons oui, — à condition que le sujet soit l'âme même des personnages mis en évidence par le scénario qui n'aura d'autre but que d'extérioriser l'état de cette âme. La petite couturière de Montmartre chante autant que la dame, la très grande dame du Faubourg ; partant, elle a besoin de musique, et la musique est une expression naturelle et nécessaire de ses sentiments. Seulement, ô compositeurs ! seulement cette musique vaudra ce que valent ces sentiments. Si donc vous choisissez pour protagonistes des ouvriers charpentiers et

des bohèmes, vous obtiendrez une expression
musicale adéquate à ces sentimentalités de pro-
los, à ces mentalités de rapins, du moins si vous
respectez la théorie de la vie quotidienne. Or,
cette théorie, l'auteur de *Louise* l'a violée, gaillardement.

L'expression musicale propre aux indigènes
de la Butte, — Delmet, Montoya, la Cigale, un
lot de valses lentes, et les Cris de Paris si l'on
veut, — Charpentier n'a eu garde de l'omettre
dans son œuvre, mais, perspicace, il a compris
que cette menuaille ne suffirait pas, même corro-
borée par le charme des décors de Jusseaume,
à retenir un citoyen français, ni un étranger non
plus, enclavé quatre heures d'horloge dans son
fauteuil d'orchestre. Aussi a-t-il additionné l'âme
montmartroise d'un peu de son âme à lui, beaucoup plus intéressante, et ce mélange déroute.
On n'imagine pas le malaise où ce disparate
plonge l'auditeur, ahuri devant tant d'éléments
divers, mis à la gêne par ces tentatives, toujours
renouvelées, presque toujours infructueuses,
pour trouver l'expression juste entre le style du
drame lyrique (Massenet revigoré de Wagner)
qui hante le musicien, et le style de la Butte
vers quoi tend *Louise*, inéluctablement. A certains moments, l'on s'y perd, la compréhension
entre deux selles : qui me dira si ce noctambule
ingénument symbolique métamorphosé en incar-
nation du Plaisir parisien, avec lampes élec-

triques sur le thorax, est un concept de l'auteur ou de l'overrier père de Louise ? En faut-il faire honneur au Charpentier qui fait chanter, ou au charpentier qui chante ? Cruelle énigme !

J'arrive bien tard au sujet, mais il est si court : une gamine montmartroise, enamourée d'un compatriote poète, ou se croyant tel, quitte la maison paternelle pour rejoindre son artisse. Voilà. De ce fait divers, l'auteur n'aurait pu tirer qu'un petit acte, quelque chose comme une transposition des *Noces de Jeannette* montée de ton, s'il n'avait pris soin d'édifier sur cette frêle *Nopce de Louise*, le poème de la Jeunesse enthousiaste, les droits imprescriptibles de la Passion, et le mirage fascinateur de Paris, pour ne parler que des plus importants symboles.

De là tant de morceaux rapportés, tant de scènes adventices, propos de chiffonnières confabulant avec un noctambule qui leur cite la *Divine Comédie*, caquetages d'un atelier de couturières, tout le « Couronnement de la Muse » intégré là-dedans, poème et musique, sans préjudice de couplets improvisés (sur d'autres paroles, s'entend) à la Villa Médicis, au temps où Charpentier frondait la majesté directoriale du digne M. Hébert. En somme, assez de matériaux pour construire trois pièces, ce qui n'empêche pas cette pièce unique d'être mal construite, si j'en crois les spécialistes qui la démolissaient âprement, pendant les entr'actes.

16.

Ils doivent avoir raison, les spécialistes : cet amant qu'on ne revoit plus après le troisième acte, ce père qui veut à toute force **retenir sa** fille au logis, puis à toute force la jeter **dehors,** ces déclarations de tendresse en musique chantées à la cantonade (le *Trouvère*, alors, ou *Richard Cœur-de-Lion?*), cette cousette qui cède **aux in**candescentes déclarations de son poète lui **pro**mettant tous les baisers, toutes les extases **et un** strapontin à chaque première de la Gaîté-Rochechouart, alors que, significative toile de fond musicale, se déroule la trame harmonieuse **des** Cris de Paris, clameurs de miséreux, presque appels de détresse qui devraient logiquement **in**citer la petite à réfléchir sur les douloureux réveils des lendemains de fêtes, oui, je le reconnais, toutes ces lacunes, toutes ces incohérences révèlent une inexpérience notoire. Me pardonne Muhlfeld si je confesse que ces erreurs de métier ne me scandalisent aucunement. Le livret de *Louise* est-il intéressant ? Oui. C'est tout ce que je lui demande.

J'accorde aux lettrés que l'écriture de ce livret est, comme sa conception, hybride ; à côté **de** vertes locutions heureusement notées, des **erreurs** de ton stupéfient : « Paris, splendeur de mes désirs, déclame Louise, vers sa demeure, asile des rêves, porte-moi d'un coup d'aile !... » De mon temps, elles s'exprimaient avec moins de lyrisme, dans la couture. Le père de cette **jeu-**

nesse ne manque pas d'envol, lui non plus, quand il plaint les « tristes serfs... courbés sous le joug pesant de la fatalité », quinze mesures après avoir déclaré moins ambitieusement : « Je suis d'aplomb, le coffre est encore solide », — en une page, d'ailleurs, de belle allure mélodique.

Et la musique aussi erre d'un style à l'autre, incertaine si elle doit suivre Victor Massé ou Richard Wagner : Louise célèbre le jour « où elle s'est donnée » sur les mêmes notes que Jeannette les amoureux « empressés à lui plaire », et Julien maudit les préjugés bourgeois, la tradition, l'expérience (« les balançoires » comme on dit entre magistrats) avec des chromatismes tétralogiques ; par moments même l'inspiration du compositeur consent aux attendrissements à la Demet, mais ce sont là fléchissements voulus, sans doute, et qui résultent de nécessités que j'ai exposées plus haut longuement, sinon clairement. En tous cas, Gustave Charpentier possède une qualité maîtresse, il passionne son public. Durant cette longue soirée, j'ai ressenti tour à tour — presque simultanément, parfois — de l'enthousiasme, de l'agacement, mais pas une minute, pas une seconde d'ennui.

Aussi bien, son orchestre seul suffirait à intéresser, sonore jusqu'à l'éclat, avec des finesses dont l'habileté confine à la roublardise (certaines touches presque imperceptibles du triangle, par exemple) ; les harpes jettent leur joliesse perlée sur l'ordinaire bagage d'aveux, d'invocations, de serments amoureux que souligne, le plus souvent, l'insistante câlinerie des violoncelles. Les bois, non plus, ne chôment guèrent au cours de cette œuvre inégale et prenante, *Vie de Bohème* française traitée par un Puccini montmartrois qui, connaissant à fond les secrets de l'art et les trucs du métier, varie pendant quatre heures le leitmotiv : « Voilà le plaisir, mesdames ! » (pour ne parler que de celui-là) avec une maîtrise inconnue des transalpins. Quant au wagnérisme que j'indiquais tout à l'heure, rien de moins encombrant ; qu'est-ce qu'un passage fleurant les *Maîtres chanteurs :* « Ces poupées-là, ma fille, vous font parfois pleurer?... » Qu'est-ce qu'un discret hommage rendu à *Tristan* par l'amant de Louise réclamant (modulation en la) pour tous « leur part d'amour » ? Vétilles. Et si quelqu'un blâmait la contexture mélodique de *Louise* pour ce qu'elle s'apparente à celle de la « mélodie continue », ce quelqu'un serait un nigaud. Ecoutez, au lieu de poursuivre cette chasse aux réminiscences, si vaine, écoutez le cœur adorable de ces couturières, admirez la grâce de cette polyphonie vocale étagée avec une sûreté charmante, et reconnaissez que, du musicien capable d'écrire cette page adorable, on peut tout espérer.

Trois musicographes de valeur, MM. Saint-Georges de Bouhélier, Alfred Bruneau et Julien

Torchet, ont accoutumé d'apprendre à leur public
que l'auteur de *Louise* est le seul compositeur
moderne auquel il convienne de reconnaître du
génie (c'est tout au plus si M. Bruneau accep-
terait de trouver, auprès de la *Vie du Poète*,
quelque mérite à *Messidor*.) Il faut croire que
les spectateurs de l'Opéra-Comique lisent assidûment la prose de ce trio, car ils ont accueilli
l'œuvre de Charpentier avec un furieux enthousiasme ; le jour de la répétition générale, ils
criaient « L'auteur ! » dès le premier acte ; et si
la salle ne s'est pas effondrée sous ce fracas
triomphal qui faisait songer aux destructrices
fanfares de Jéricho, c'est que M. l'architecte
Bernier emploie des entrepreneurs de tout repos. A la première ils ont moins véhémentement crié, un peu enroués peut-être...

Ce que l'on a surtout acclamé, c'est l'ingénieuse scène mimée, au premier acte (le Père et
Louise s'embrassant loin des regards de la Mère
grognon) qui se déroule sur le thème à douze-
huit du Bonheur familial ; c'est la Berceuse, relevée de pizzicati irrésistibles : « L'enfant dor-
mira bientôt », dite par l'incomparable Fugère
avec une tendresse palpitante qui a rougi tous
les yeux féminins, — vive le mélodrame où la
foule a pleuré ! C'est le couronnement de la Muse,
et la Butte envahie par l'allégresse encarna-
valée des belles filles porteuses de lumières,
parmi l'émerveillement des gavroches :

J'en suis bleu, j'en suis baba,
C'est plus bath qu'à l'Opéra !
C'est épastrouillant,
Abracadabrant !

… Cependant que culmine, étincelant, une manière d'imperator pour atelier Julian que j'appellerais, si j'osais, l'Héliogabale des Quat'-z-arts.

Interprétation hors ligne, en tête de laquelle il convient de placer M. Fugère, paterne, grandiose, tendre, furieux, excellent de la première note de son rôle à la dernière, depuis son entrée bonne enfant de travailleur réclamant la soupe à sa ménagère jusqu'à la malédiction finale qu'il lance le poing tendu contre Paris, comme l'inoubliable Sigismond Planus de Daudet. Et ce parfait comédien chante comme il joue.

Blonde, jeune, attirante, mademoiselle Rioton soupire délicieusement les passages de tendresse que lui a prodigués le musicien, entre autres le début du quatrième acte, où elle élance aux étoiles, devant le panorama de Paris complice, la romance de son amour heureux avec une grâce jolie, et beaucoup d'adresse à franchir les intervalles de neuvième. Je la goûte moins aux pages de violence, non qu'elle s'y montre inférieure, mais par tristesse de songer que cette voix exquise ne saurait lutter longtemps, sans grave dommage, contre le déchaînement des cuivres.

Madame Deschamps-Jehin fait merveille en

mère bonne mais vive, le cœur sur la main, la main sur la joue de sa fille. Et comme elle sait porter le caraco et la marmotte !

Citons encore M. Carbonne, qui se dépense sans compter, M. Vieuille, de qui la voix superbe fait résonner à souhait les aphorismes du chiffonnier philosophe qui semblent pris dans la hotte de Thomas Vireloque, et mademoiselle Vilma, apprentie plutôt délurée. Souhaitons que M. Maréchal cède bientôt son rôle à M. Beyle.

On a fort applaudi mademoiselle Santori, danseuse presque nue, et l'admirable décor de Jusseaume : Paris nocturne qui, insensiblement, se lilace de mauve mélancolique (comme j'écrivais quand j'étais jeune), puis s'étoile de lumières joyeusement scintillantes. Et l'ami Messager fut égal à lui-même ; je ne puis lui décerner plus bel éloge.

3 février 1900.

FIN

INDEX

DES PRINCIPAUX NOMS CITÉS DANS LE VOLUME

ÉMILE COLIN, IMPRIMERIE DE LAGNY (S.-&-M.,